크리스마스
하나님의 최고의 선물

Christmas - God's Greatest Gift

이 소중한 책을

특별히 ＿＿＿＿＿＿＿＿＿＿＿＿ 님께

드립니다.

크리스마스
하나님의 최고의 선물

Christmas - God's Greatest Gift

성탄 묵상 40

김원광 목사 지음

나침반

크리스마스, 하나님의 최고의 선물

어린 시절 성탄절의 기억은 답십리 산 12번지 좁고 작은 집 앞에 매달 전등을 만들던 일로 시작됩니다. 너무나 가난했지만, 성탄절은 그 시절의 모습을 아름다운 추억으로 만들어 줍니다. 교회에 톱밥 난로를 피워 놓고 마을 사람들을 초대해 함께 음식(떡국 등)을 나누고, 준비한 성탄 발표회에 참석했던 것은 그 시절 남아 있는 최고의 기억 중 하나입니다.

말 한마디 못하고 실수했던 부끄러운 기억, 여자 친구들과 함께할 수 있다는 사실에 설레던 마음, 평소와는 다른 음악과 반짝이는 장식 등은 잊을 수 없는 추억입니다. 성탄 발표회를 연습하며 신앙생활을 배웠고, 버스 차장을 해서 번 적은 월급으로 자장면을 사 주시던 선생님들의 사랑도 알게 되었습니다.

성탄 전야에는 저녁 예배 후에 모두 함께 새벽송을 돌았습니다. 당시에는 누구 한 사람 우리에게 시끄럽다고 하는 이가 없었습니다. 새벽송을 돌면 어떤 가정에서는 선물을 자루에 담아 주었고, 어떤 가정에서는 추위에 떠는 우리에게 따뜻한 음식으로 격려해 주었습니다. 그토록 정겹고 낭만적이었던 성탄절 풍경은 더 이상 찾아볼 수가 없습니다. 성탄 새벽송도, 거리마다 들리던 캐럴도 이제는 쉽게 들을 수 없게 되었습니다.

　세상이 참 많이 변했다는 생각을 합니다. 그럼에도 불구하고, 여전히 변하지 않는 가장 중요한 진실은, 바로 예수 그리스도께서 우리를 위해 이 땅에 오셨다는 사실, 그리고 그분이 하나님이 우리에게 주신 최고의 선물이라는 사실입니다.

　저는 평생 목회만 했습니다. 1981년 교육전도사로 시작해 교역자 생활만 44년째로 이 오랜 세월 동안 저의 삶에 가장 중요했던 것은 돌아보니 바로 "예수님"이심을 다시금 깨닫습니다. 예수께서가 아니셨다면 저의 오늘은 아무것도 아니었을 것입니다. 그가 오셨기에 저의 오늘의 삶이 존재합니다. 그러므로 성탄절은 저에게 너무나 소중하고 감사한 날입니다.

　이제 목회를 마무리 해 나가는 시점에, 돌이켜 가장 소중했던 나의 주님을 다시 한 번 생각하며 감사하는 마음으로 이 책을 썼습니다. 죄인을 구원하여 영생의 복을 주신 주님의 은혜를 생각하면 늘 감사할 따름입니다.

　이 책을 읽는 모든 독자들이 하나님의 최고의 선물인 예수님을 조금이라도 더 깊이 알게 되고, 예수님을 조금이라도 더 사랑하게 되기를 바라는 마음입니다.

　오직 주님께만 영광이 되기를 바라며…
　중계동 서재에서/김원광

목차

빛으로 오신 예수님

"나는 빛으로 세상에 왔나니 무릇 나를 믿는 자로 어둠에 거하지 않게 하려 함이로라"(요 12:46)

시 "어둠 속 한 줄기 빛"(작가 미상) 입니다.

밤은 깊고/나의 발걸음은 더디다
무수한 그림자들이/내 앞길을 가로막고
어디가 시작이고 어디가 끝인지/분간할 수 없는 어둠 속에서
나는 묻는다/왜 걸어가야 하는지/무엇을 향해 가야 하는지
세월은 파도처럼/나를 밀어내고 또 끌어당긴다/숨 쉴 틈도 없이
가시덤불이든 돌짝밭이든/결국 내가 걸어야 할 길/그것을 알면서도
두려움은/차가운 안개처럼/내 온몸을 적신다

강물이여/내 슬픔을 실어가 다오/바람이여/내 한숨을 날려가 다오

하지만 물은 흐르고/바람은 지나가도/내 안의 어둠은/

여전히 무겁다

누군가 작은 촛불 하나/내 앞에 놓아준다면

희미하게/한 뼘이라도/앞을 비춰준다면

나는 다시/일어설 수 있을 것이다

멀리 돌아온 이 길 위에서/지친 이 무릎으로/다시 한 걸음/

내딛을 수 있을 것이다

더 나은 내일을/눈부신 아침을/믿을 수 있을 것이다

오,빛이여/작은 불씨여/희망의 한 조각이여

당신이 오기를/나는 어둠 속에서/눈을 뜨고 기다린다

눈물로./간절히.

이 시인처럼 삶이 온통 어둠에 덮인 것 같은 순간들을 마주할 때, 사람들은 한 줄기 빛을 간절히 사모하게 된다. 영어단어에 seismologist(지진을 연구하는 학자)/seismograph(지진계)가 있다. 이 단어는 헬라어 "seismos"로부터 유래된 단어다. 헬라어의 세이스모스는 갈릴리 호수를 건너는 중에 제자들이 만난 큰 풍랑(놀)을 의미하는 단어였다. 그들은 칠흑 같은 어둠 속에서 풍랑을 만나 두려움에 떨고 있었다. 단지 어둡기만 해도 두려울 터인데 앞을 분간할 수 없는 상황에서 풍랑은 만났으니 얼마나 두려웠을지 짐작이 간다.

그런 그들을 주님이 찾아오셨다.

그리고 무서운 기세로 불어오던 풍랑을 향하여 명령하셨다. 그리자 한순간에 사방이 고요해졌디. 풍랑이 잔잔해진 것이다. 풍랑 만난 제자들에게 예수님은 한 줄기 빛이 되셨다.

혹시 세상의 어둠 속에서 방황하며 간절히 한 줄기 빛을 찾는 사람들이 있다면, 지금도 그들에게 예수님은 소망의 빛, 구원의 빛이 되신다.

『요덕스토리』라는 뮤지컬이 있다.

북한 정치범 수용소의 모습을 그린 뮤지컬이다. 이 뮤지컬에는 예수쟁이로 수용소에 갇혀 있던 이태식이라는 사람의 안타까운 부르짖음이 등장한다.

"아버지여! 하나님이여!! 남조선에만 계시지 마시고 공화국 요덕에도 오시옵소서."

절망과 어둠에 빠진 북한의 모습이 절절히 느껴지는 외침이다.

곳곳에 깃든 어두움

우리는 세상의 어두움을 여러 곳에서 발견할 수 있다.

『까막눈 삼디기』라는 책이 있다.

100쇄를 돌파한 어린이 동화책으로 이현미(글), 원유순(그림)

작가가 쓴 것이다.

이 동화에는 아홉 살 초등학교 2학년생 엄삼덕이라는 어린이가 등장한다. 엄삼덕은 글을 읽을 줄 모른다. 자신의 이름도 엄삼덕이라고 소개하기보다, 그저 '삼디기'라고 할 만큼 일자무식이다.

이 아이처럼 글을 알지 못하는 사람들을 흔히 '까막눈'이라고 부르기도 한다.

까막눈의 고통은 말로 다 표현할 수가 없다.

글을 알지 못하는 노인들은 자녀들이 보낸 편지도 읽을 수 없다.

가고자 하는 곳이 있어도 표지판을 읽지 못하기에 길을 찾기가 힘이 든다.

많은 것들이 눈에 보이는데, 전혀 이해가 되지 않는 거리를 걷는 것은 힘든 일이다.

이러한 지적 어두움은 삶을 암담하게 만든다.

그러나 인생의 어두움은 이런 것들만 있는 것은 아니다.

우리나라 유명 대학들에서 한 여학생이 청소부 아주머니, 아저씨에게 욕설을 퍼부은 일이 있었다. 이처럼 윤리성이 사라진 사회의 모습을 사람들은 어둡다고 표현한다.

또 미국의 명문 뉴욕주립대학에 유학을 간 한 20대 젊은이가 온갖 잔인한 도구들로 사람을 죽이는 게임을 하던 중 갑자기 진짜 사람을 죽이고 싶은 충동에 사로잡혀 집에 있던 부엌칼을 들고 나가 무작정 지나가던 사람을 죽였다고 한다. 이런 세기말적인 사건들을 보면서 우리는 세상이 암담하다고 느끼곤 한다.

대책 없는 미래를 볼 때도 우리는 앞이 캄캄하다고 말한다.
젊은이들이 대학을 졸업하자마자 실업자가 되는 현실을 볼 때, 혹은 암으로 곧 죽게 될 것이라는 선고를 받았을 때도 우리는 눈앞이 캄캄해지는 것이 무엇인지 실감하게 된다.

이렇게 사람들이 경험하는 어두움은 매우 다양하다.
우리는 환한 대낮에도 탄식하면서 세상이 어둡다고 한다.
휘황찬란한 네온사인 불빛을 바라보면서도 세상이 어둡다고 한다.

이처럼 우리가 세상이 어둡다고 하는 것은 단지 물리적인 빛이 없다는 것을 말하는 것이 아니다.
그것은 절망적인 시대를 표현하는 말이기도 하고, 타락한 시대를 지칭하는 말이기도 하다. 또한 미래가 보이지 않는 세대의 절망감을 말하는 것이기도 하고, 사람다움을 망각해 가는 사람들의 세기말적인 암울함을 묘사하는 것이기도 하다.

성경 속에 등장하는 어두움

성경도 세상을 어둡다고 말씀한다.

성경에서 세상이 어둡다고 하는 것도 단순히 물리적인 빛이 없다고 말씀하는 것이 아니다.

그것은 종교적인 어두움을 의미한다.

시대적인 어두움과 도덕적인 어두움, 진리에 대한 무지의 어두움을 의미하는 것이다.

예수님은 죄악에 사로잡혀 있는 인생들의 모습을 보시며 세상을 어둡다고 하셨다. 하나님이 주신 것이 아니라, 사람들이 스스로 만든 온갖 율법주의적인 인습과 제도에 사로잡혀, 노예처럼 살아가는 사람들의 모습을 보시며 세상이 어둡다고 하셨다. 맹인이 맹인을 인도하는 것처럼, 혹은 목자 없는 양들처럼, 현실을 일깨워 줄 스승이 없는 세상을 바라보시며 어둡다고 하셨다.

이런 어두움은 물리적인 빛을 밝게 한다고 해서 물러갈 수 없다. 세상이 어둡다 하니 그저 네온사인 불빛을 더 늘리고, 여기저기 가로등을 더 세운다고 해서 이런 어두움이 사라지는 것은 아니다.

지적인 어둠에 사로잡힌 사람에게는 지식을 가르쳐 줄 때에 어둠이 떠나간다.

미래가 보이지 않는 사람들에게는 미래를 줄 때에 어둠이 떠나간다.

절망하고 낙담한 사람에게는 소망의 이유를 가르쳐 주어야 어둠이 떠나간다.

인습과 제도의 어둠에 사로잡혀 사는 사람들에게는 새로운 삶의 모습을 전수해 줌으로써 어둠을 몰아낼 수 있다.

앞서 언급한 『까막눈 삼디기』에서는 경상도에서 전학을 온 연보라라는 같은 반 아이가 삼디기의 어둠을 밝혀 주는 인물이 된다. 보라는 삼디기에게 글을 알려 주기 위해 열심히 동화책을 읽어 준다. 마침내 삼디기는 조금씩 글에 눈을 뜬다.

받아쓰기 시험을 본 날 아이들은 삼디기가 시험에서 빵점을 맞았다고 보라를 놀렸다. 그런데 삼디기의 시험지를 본 보라는 그 시험지를 잘 살펴보면 다 맞은 것이라며, 삼디기는 백점이라고 말한다.

"또리의 오르조기 우도아(똘이의 오른쪽 운동화), 맞고!"

"암만보고 야저니 다니수 언니(앞만보고 얌전히 다닐 수 없니), 맞고!"

"아주 조화하느 치구(아주 좋아하는 친구), 맞고!"

그러자 아이들이 선생님한테 보라를 일러바쳤다. 하지만 내용을 알게 된 선생님은 도리어 "보라가 정말 선생님이구나!"

하면서 삼디기는 백 점이 맞다고 해 주셨다. 처음으로 삼디기는 반 아이들 앞에서 책을 읽게 되었고 떠듬떠듬 읽어가는 삼디기를 아이들은 도와주기 시작했다. 삼디기는 결국 까막눈을 떴다. 보라가 삼디기의 빛이 된 것이다. 정말 멋진 해피엔딩이다.

궁극적인 어두움

하지만 인생은 그 누구도 풀 수 없는 궁극적인 어둠을 안고 있다.

까막눈은 가르치면 된다. 세상의 도덕적 타락은 제도나 법을 더 치밀하게 하고 사람들에 대한 감시망을 어느 정도 더 보강하면 조금이나마 방지할 수 있다. 질병으로 깜깜한 사람들에게는 약이 개발되거나 기술이 개발되면 빛이 보일 수 있다.

그러나 해결될 수 없는 궁극적인 어둠이 있다.

- 죄로 인한 절망적 어두움이다.
- 종말적인 인생의 어두움이다.
- 참 진리에 이를 수 없는 무지의 어두움이다.

인간은 누구나 죄악의 노예된 자리에서 자유할 수가 없다.

모든 사람이 죄를 범했다고 성경은 지적한다.

그리고 죄의 삯은 사망이라고 말씀한다.

인간은 아무리 굉장한 위치에 오른 사람이라 할지라도 이 죄의 문제로부터 자유할 수가 없다. 이 죄악으로 임한 절망의 어둠을 극복할 수 있는 사람은 없다.

또한 인간의 종말적인 어둠은 아무도 피할 수 없다.

사람은 누구나 죽는다. 그리고 그 이후를 알 수 있는 사람은 없다. 사람들은 누구나 그 어둠의 세계를 향하여 아무런 대책도 없이 하루하루 다가가고 있다.

사람들은 하나님의 도우심이 없이는 참된 진리에 도달할 수 없다.

우리가 아는 것들은 모두 상대적인 것이다. 절대적인 것이 없다. 그러므로 우리가 아는 것들은 반쪽짜리에 불과하다. 이런 사실에서 우리는 절망을 느낄 수밖에 없다.

인간에게 임하여 있는 이 절대적인 절망의 어둠을 벗어날 수 있는 길은 어디 있을까?

예수님은 이런 세대를 향하여 말씀하신다.

"나는 빛으로 세상에 왔다."

바로 예수님이 어두운 세상을 밝혀 주실 빛이시다.

예수님을 믿는 자들은 죄악으로부터 온전한 자유를 얻는다.

예수님을 믿는 자들은 사망의 문제로부터 놓임을 받는다.

"사망아 너의 이기는 것이 어디 있느냐? 사망아 너의 쏘는 것이 어디 있느냐?"

예수님을 믿는 자들은 참된 진리를 알고 자유를 얻는다.

항상 빛 가운데 살아가려면

그러므로 항상 빛을 따라 살아가려면 우리가 해야 할 일은 명백하다.

1. 예수님을 믿어야 한다.

예수님을 믿는 것은 빛을 받아들이는 것이다. 빛을 영접하는 것이다.

세상에 빛이 왔지만, 사람들이 빛을 외면했다고 성경은 말씀한다. 깨닫지 못했다고도 말씀한다. 이 모든 것들은 예수님을 믿지 않는 행위들을 표현한 것이다.

무엇보다 먼저 예수님이 빛이 되심을 인정하고 믿어야 한다.

"예수님 당신이 내 삶을 이 어둠 속에서 건져 주실 유일한 빛이십니다."

진심으로 이 고백을 할 때 우리는 참 빛을 찾게 될 것이다.

2. 말씀의 인도를 받아야 한다.

예수님은 말씀으로 이 땅에 오셨다.
"태초에 말씀이 계시니라 이 말씀이 하나님과 함께 계셨으니 이 말씀이 곧 하나님이시니라… 말씀이 육신이 되어 우리 가운데 거하시매 우리가 그 영광을 보니 아버지의 독생자의 영광이요 은혜와 진리가 충만하더라(요 1:1, 14)

다윗은 이렇게 고백했다.
"주의 말씀은 내 발에 등이요 내 길에 빛이니이다"(시 119:105)

예수님은 우리를 일깨워 주시는 진리의 말씀이다. 예수님은 어둠에 사로잡힌 세상 한가운데서 사람들을 말씀의 빛으로 인도하시는 분이시다.

진리의 말씀으로 인도를 받을 때, 우리는 빛 가운데 살아가게 된다.

참 빛 가운데 사는 자의 복은 말로 표현할 수 없다.
당신은 그 놀라운 은혜에 오늘도 감사하고 있는가?

2

불신앙을 꾸짖는 임마누엘

한 소년이 과일을 파는 가판대 옆에서 열심히 책을 읽고 있었다.

어떤 신사가 과일을 사러 다가와서 무엇을 그리 열심히 읽고 있는지 물었다.

그러자 소년이 약간 어색한 표정을 지으며 "하나님 말씀이요"라고 대답했다.

무신론자이자 회의론자임을 자처하는 그 신사는 대뜸 이렇게 반응했다.

"누가 성경이 하나님 말씀이라고 했니?"

소년은 너무도 당연한 것을 묻는 듯 "하나님이 저에게 그렇게 말씀하셨는데요!"라고 대답했다. 신사는 흥분해서 공격적으로 되물었다.

"아니, 하나님이 네게 그렇게 말했다고? 어떻게 그런 말을 할 수가 있지? 그렇다면 너는 하나님을 눈으로 봤다는 거니? 되지도 않는 소릴 함부로 말하다니!"

소년은 당황해서 아무 말도 할 수 없었다.

잠시 침묵의 시간을 보낸 후 소년은 신사에게 이렇게 질문했다.

"아저씨, 아저씨는 태양이 있다는 것을 어떻게 아시지요?"

신사는 당연하다는 듯 말했다.

"그거야 당연히 있는 거니까…. 보이기도 하고 밝게도 해주고 따뜻하게도 해주잖아."

소년이 지혜롭게 말했다.

"아저씨, 저도 성경이 하나님 말씀이라는 것을 당연히 알아요. 태양이 아저씨에게 그런 것처럼 하나님의 말씀은 내 마음을 비춰주고 따뜻하게 해주니까요."

이 소년의 대답이 참으로 지혜롭다.

세상 사람들이 우리에게 무엇이라 하든지, 우리 마음을 늘 따뜻하게 비추어 주시는 분이 계신다. 그들은 알지 못하지만, 우리는 분명히 아는 사실이 있다. 그것은 주님이 오늘도 우리와 함께하신다는 사실이다.

"볼지어다 내가 세상 끝날까지 너희와 항상 함께 있으리라"
(마 28:20)

우리는 혼자가 아니다. 우리는 주와 동행하는 주님의 자녀들
이다.

전능하신 주님께서 함께하시는 우리는 모두 놀라운 은혜를
받은 사람들이다.

하지만 신앙인이라고 하면서도 이런 사실을 믿지 못하는 사
람들이 있다. 이 소년의 지혜로운 고백처럼 우리 마음을 비추
는 '빛'이 늘 함께함에도 불구하고, 때로는 그 빛을 외면하는
불신앙의 모습이 우리 안에 있음을 발견한다.

구약의 아하스 왕이 그러했듯 말이다.

아하스 왕은 그런 불신앙의 사람이었다.

아하스가 유다를 통치하고 있던 시절에 주변 정세는 크게
흔들리고 있었다. 아람과 북이스라엘이 동맹을 맺고 남 유다
를 위협하고 있었다. 주변 정세가 이처럼 흉흉하니 사람들의
마음도 두려워 떨고 있었다.

이때 하나님께서 선지자 이사야를 아하스 왕에게 보내셨다.
그리고 이렇게 예언해 주셨다.

"이 도모가 서지 못하며 이루지 못하리라… 그들은 망하여 다시는 나라를 이루지 못하리라 만일 너희가 믿지 아니하면 정녕히 굳게 서지 못하리라 하셨다"(사 7:7-9)

그리고 선지자를 통해 아하스에게 다시 말씀하셨다.
"너는 네 하나님께 한 징조를 구하라"(사 7:11)
아하스는 이렇게 대답했다.
"나는 구하지 아니하겠나이다 나는 여호와를 시험치 아니하겠나이다"(사 7:12)

그의 대답은 외견상으로는 마치 그가 하나님을 경외하고 있는 것처럼 보인다. 그러나 그는 하나님을 조금도 의지하지 않는 사람이었다. 사실 그는 속으로 이런 생각을 하고 있었다.
'하나님께 무엇을 구하라고? 하나님이 무엇을 할 수 있는데? 나는 하나님을 믿지 않아.'

이런 불신의 사람 아하스에게 하나님이 진노하셨다. 그래서 그에게 선지자를 통해 이런 말씀을 주셨다.
"너희가… 나의 하나님을 괴로우시게 하려느냐 그러므로 주께서 친히 징조로 너희에게 주실 것이라 보라 처녀가 잉태하여 아들을 낳을 것이요 그 이름을 임마누엘이라 하리라"(사 7:13, 14)

이것은 고통 중에 있던 유다 사람들에게 정말 큰 힘이 되는 말씀이었다. 무엇보다 하나님은 아하스의 불신의 죄악에도 불구하고 남 유다를 지키실 것임을 말씀해 주신 것이다. 즉 그의 죄악을 따라 그 시대를 벌하지 않으시고, 그의 조상 다윗과의 언약을 기억하셔서 그에게 은혜를 베풀어 주시겠다는 것이었다.

이사야는 당시 이사야와 아하스가 알고 있는 한 처녀가 아들을 낳게 될 것이라고 말했다. 여기서 '처녀'라는 말 앞에 관사가 붙어서, 실제는 '그 처녀'라고 되어 있기 때문이다(이 말씀은 마리아를 통해 궁극적으로 성취가 된다).

그녀가 결혼해서 아들을 낳을 것이다. 그리고 그녀가 낳은 그 아이가 악을 버리고 선을 택할 줄 알 때가 되면, 버터와 꿀을 먹을 것이라고 했다. 즉 아이가 아직 다 자라지도 않았을 때, 그들이 안고 있는 문제들이 해결되고 유다의 삶이 풍요해질 것임을 약속하신 것이다.

이사야의 예언은 그대로 이루어졌다.

이사야가 예언을 한 시기는 주전 735년경으로 추측된다. 아람과 북이스라엘이 유다를 치기 위해 동맹을 맺은 때가 바로 이 시기이기 때문이다. 그런데 그 후 3년 정도 지난 주전 732년에 아람은 앗시리아에게 멸망한다. 그리고 북이스라엘 역시 주전 722년, 즉 이사야의 예언이 있은 지 불과 12년 후에 멸망하고 만다. 이처럼 역사의 흐름 속에서 하나님의 말씀은 반드시 성취된다는 것을 알 수 있다.

임마누엘, 불신앙을 꾸짖는 성탄의 메시지

이사야 선지자를 통해 주어진 임마누엘 징조와 예언이 주는 교훈은 무엇인가?

그것은 불신앙에 대한 통렬한 꾸짖음이다.

하나님이 그들 중에 함께 하고 계셨다. 그러나 그들은 하나님이 안 계신 것처럼 행동했다. 그들은 더 이상 하나님께 간구하지도 않았다. 아무런 징조도 구하지 않았다. 도리어 '하나님이 과연 우리를 위해 무엇을 하실 수 있느냐'며 도발했다.

하나님은 이런 사람들 앞에서 선포하셨다.
"내가 역사의 주관자다."
"나는 너희 중에 함께 하고 있느니라."
"나는 너희의 하나님이니라."

이 임마누엘의 교훈은 훗날 예수님의 탄생과 연결된다.
예수님은 동정녀의 몸을 통해 이 땅에 오셨다.
그리고 지금까지 우리와 함께하고 계신다.

성탄절은 바로 이 임마누엘, 즉 하나님이 우리와 함께하시는 가장 분명한 증거다.

그런데 주님이 함께하고 계시는 우리 시대의 모습은 과거 아하스의 시대와 크게 다르지 않다. 이 세상에는 여전히 불신앙이 가득하다. 우리는 어디서든 주님을 모욕하고 공격하며 부인하는 말들을 쉽게 들을 수 있다. 사람들은 더 이상 주님의 위대하심을 인정하지 않는다.

그렇다면 오늘 우리가 살고 있는 **이 시대에 임마누엘이 갖는 의미**는 무엇인가?

1. 불신앙을 회개하라는 것이다.

아하스 시대에 하나님이 징조를 구하라 해도 구하지 않겠다고 했던 것처럼, 하나님을 의지하지 않는 모든 불신앙의 죄악을 회개하라는 것이다.

예수님의 제자들을 보라.
임마누엘하신 주님이 그들과 함께 배 안에 계셨지만, 그들은 풍랑 앞에서 두려워했다. 또한 낙담했다. 자신들이 죽게 될 것이라고 호들갑을 떨었다. 그때 주님이 일어나 그들을 꾸짖으셨다.

"어찌하여 두려워 하느냐 믿음이 적은 자들아"(마 8:26)

이런 주님의 소리에 우리는 항상 귀를 기울여야 한다.

왜 두려운가?
왜 걱정으로 가득 찼는가?
왜 그토록 절망했는가?
왜 더 이상 기도하지 않는가?

우리 안에 하나님을 인정하는 믿음을 갖지 못한다면, 이것이
바로 아하스의 불신앙임을 기억하고 회개해야 한다. 마음을
강퍅하게 하지 말고 주님을 찾아야 한다. 주님의 말씀대로 행
하기를 힘써야 한다.

2. 하나님은 전능자시라는 것이다.

하나님은 처녀가 잉태하여 아들을 낳게도 하시는 분이시다.
모든 불가능을 가능으로 바꾸실 수 있는 전능자시다.

아하스에게 하나님이 말씀하셨다.
"너는 삼가며 조용하라 르신과 아람과 르말리야의 아들이

심히 노할지라도 이들은 연기 나는 두 부지깽이 그루터기에 불과하니 두려워하지 말며 낙심하지 말라"(사 7:4)

우리는 모든 것을 눈에 보이는 대로만 판단한다. 그러나 하나님은 우리가 오직 믿음으로 보고 행동해야 한다고 말씀하신다. 보이는 대로 살아가는 자들이 아니라 믿음으로 살아가는 자들이 되어야 한다는 것이다.

"너희가 굳게 믿지 아니하면 너희는 굳게 서지 못하리라"(사 7:9)

"하나님은 능치 못하심이 없다."
이것이 바로 임마누엘의 정신이다.

성도의 마음에는 이 임마누엘의 정신이 살아 있어야 한다.
살다가 아무리 좌절할 일들을 만났다 할지라도, 임마누엘을 생각하는 순간 모든 절망을 몰아낼 수 있어야 한다. 즉 처녀의 몸을 통해 아들을 낳게 하시는 그 놀라우신 기적을 생각하는 순간, 하나님이 나를 위하여 행하실 위대한 약속의 말씀들을 생각하는 순간, 우리 안에 남아있던 모든 의심과 회의를 버리고 확고한 믿음 위에 설 수 있어야 한다.

인도네시아의 『바닥교회』는 세례교인만 50만 명에 이르는 아주 큰 교파라고 한다. 바닥은 유럽 북부지역에서 살던 한 소년의 이름이었다. 그는 어려서 은혜를 받고 주님의 일을 하고 싶었다고 한다. 그런데 다리에 병이 들었고 의사는 다리를 절단해야 한다고 말했다. 그는 자신이 선교사로 가고 싶은데 다리를 절단해서는 갈 수 없을 것이라고 생각했다.

절망 중에 그의 어머니가 성경을 보던 중 "예수님은 이보다 더 큰 병도 고치셨는데, 우리도 함께 믿음으로 기도하자"라고 말했다. 모자는 필사적으로 기도를 했다. 그리고 놀랍게도 그의 다리가 고침을 받았다. 그는 주님의 은혜에 보답하고자 인도네시아 선교사로 들어갔다. 그리고 열심히 복음을 전하여 수많은 영혼을 주님께 인도했고 오늘날과 같은 큰 교파를 이루게 되었다고 한다.

전능하신 하나님은 못하실 일이 없으시다.
이것이 바로 임마누엘하신 주님이 우리에게 주시는 교훈이다.

강보에 싸인 아기 예수는 당신에게 누구인가?

(하늘의 시각 vs 땅의 시각-참고: 눅 2:1-20)

성탄절은 이 땅의 유일한 구세주인 예수님이 죄인을 구하기 위해 이 땅에 육신을 입고 오신 가장 위대한 날이다. 그러므로 우리는 모두 성탄을 축하해야 한다. 기쁨으로 이 땅에 오신 주님의 은혜를 찬양해야 한다.

하지만 실제로는 사람들이 모두 성탄을 축하하는 것은 아니다.

최근 한 조사에 따르면, MZ세대의 상당수가 성탄절을 단순한 '연말 이벤트'로 여기고 있다고 한다. 인스타그램과 틱톡에는 화려한 파티와 선물 인증샷이 넘쳐나지만, 정작 예수님의 탄생을 기념하는 콘텐츠는 찾아보기 어렵다.

크리스마스 마켓에서 반짝이는 장식품들 사이를 거닐며 사람들이 찾는 것은 분위기일 뿐, 진정한 성탄의 의미와는 거리가 멀어 보인다. 예수님을 믿는 우리는 싱탄질에는 사람들이 모두 교회로 향할 것이라고 기대하지만, 현실은 그렇지 않다.

그렇다면 사람들은 우리 예수님을 어떻게 생각할까?

누가복음 2장 1-20절에는 예수님에 대한 두 가지, 완전히 다른 시각이 등장한다.

1. 땅의 시각 – 세상이 바라본 예수님

평범하고 보잘것없는 존재

당시 유대인들은 로마의 지배를 받고 있었다. 마치 일제강점기의 우리 조상들처럼 말이다. 로마 황제가 호적 조사를 명령했을 때, 예수님의 양아버지 요셉과 어머니 마리아는 그 명령을 거역할 수 없었다. 만삭의 몸으로 베들레헴까지 가야 했던 마리아의 모습을 상상해 보라. 오늘날로 치면 임신 9개월 된 여성이 기차나 버스로 장거리 여행을 해야 하는 상황과 같다. 주변 사람들이 보기에 이들은 그저 '힘없고 가난한 피지배 민족'에 불과했다.

경제적으로 궁핍한 가정

요셉과 마리아는 아이를 낳을 방 하나도 구하지 못했다.

오늘날의 상황으로 비유하면, 출산 예정일이 임박한 부부가 모든 병원과 산후조리원에서 거절당하고, 결국 지하 주차장이나 24시간 찜질방에서 아이를 낳아야 하는 상황인 것이다.

예수님은 강보에 싸여 구유에 누워 계셨다. 깨끗한 침구도, 쾌적한 아기 침대도 없었다. 그저 동물들이 먹이를 먹는 구유가 아기 예수님의 첫 번째 침대였다.

아무도 관심 갖지 않는 존재

가장 충격적인 것은 해산이 임박한 여성에게 그 누구도 자리를 내주지 않았다는 사실이다. 아무리 각박한 세상이라 해도, 지금 당장 아이를 낳을 임산부를 보면 누군가는 도움의 손길을 내밀지 않을까? 하지만 아무도 그러지 않았다. 이것은 요셉과 마리아 가족이 사회적으로 완전히 무시당하는 존재였음을 보여준다. 마치 노숙자나 난민처럼, 그들의 존재 자체가 사람들에게는 '보이지 않는' 존재와도 같았다. 세상의 시각에서 예수님의 탄생은 단지 가난한 집에 아들이 태어난 지극히 평범한 일상에 불과했다.

2. 하늘의 시각 – 하나님이 바라본 예수님

온 우주가 주목한 사건

그런데 하늘에서는 완전히 다른 일이 벌어지고 있었다. 천사들이 나타났고, 하나님의 영광이 온 들판을 밝게 비추었다. 마치 우주 최고의 VIP가 탄생한 것처럼, 천군 천사들이 총출동했다. 지상에서는 아무도 모르는 사이에, 하늘에서는 역사상 가장 중요한 순간이 일어나고 있었던 것이다.

온 인류를 위한 기쁜 소식

천사들은 이 소식을 **"온 백성에게 미칠 큰 기쁨의 좋은 소식"**이라고 선포했다.

지상에서는 아무도 주목하지 않는 한 아기의 탄생이, 하늘에서는 '전 인류를 위한 최고의 뉴스'가 된 것이다.

왜일까? 천사들이 그 이유를 명확히 설명한다.

"오늘 다윗의 동네에 너희를 위하여 구주가 나셨으니 곧 그리스도 주시니라"(눅 2:11)

이 아기는 단순한 아기가 아니라, 하나님이 수천 년 전부터 약속하신 구원자였다. 인류가 그토록 기다려온 메시아가 드디어 이 땅에 오신 것이다.

역설적 표적

가장 놀라운 것은 **'강보에 싸여 구유에 누인 아기'**라는 모습 자체가 하늘의 표적이 되었다는 점이다. 세상이 보기에는 초라하고 가난한 모습이 오히려 하늘의 관점에서는 가장 확실한 증거가 된 것이다. 이것은 마치 진짜 다이아몬드가 보석함이 아닌 길거리 자갈들 사이에 있는 것과도 같다. 세상 사람들은 그냥 지나치지만, 진짜 보석을 알아보는 사람에게는 가장 값진 보물이 되는 것이다.

천상의 찬양

지상에서는 아무도 축하하지 않았지만, 하늘에서는 웅장한 찬양이 울려 퍼졌다.

"지극히 높은 곳에서는 하나님께 영광이요 땅에서는 하나님이 기뻐하신 사람들 중에 평화로다"(눅 2:14)

이 찬양은 예수님의 탄생이 단순히 한 개인의 탄생이 아니라, 하나님과 인간 사이에 평화를 가져다주는 우주적 사건임을 선포하는 것이었다.

3. 눈을 뜬 사람들의 반응

목자들의 변화

천사들의 소식을 들은 목자들은 즉시 베들레헴으로 달려갔다.

그들이 마구간에서 본 것은 여전히 구유에 누인 아기였다. 하지만 이제 그들의 눈에는 이 아기가 전혀 다르게 보였다. 목자들은 즉시 전도자가 되었다. 천사들이 말해준 소식을 사람들에게 전하기 시작했다. 그들은 하나님께 영광을 돌리며 찬송하면서 집으로 돌아갔다.

마리아의 마음

마리아는 목자들의 말을 들으며 깊은 위로를 받았다.

초라한 마구간에서 아이를 낳으며 느꼈을 서러움과 걱정이 모두 사라졌다. 자신의 아이가 온 하늘이 기뻐하며 찬송하는 존재라는 것을 깨닫게 된 것이다. 마리아는 이 모든 말을 마음에 간직했다. 마치 보물을 발견한 사람처럼, 이 귀한 말씀들을 소중히 간직한 것이다.

4. 이제 우리의 선택 – 어떤 시각을 가질 것인가?

현재 우리의 모습

요즘 성탄절이 되면 마음이 더욱 착잡해진다.

백화점과 카페에서 들리는 캐럴은 점점 줄어들고, 대신 단순한 '겨울 노래'들이 그 자리를 차지한다. 사람들의 마음에서 예수님은 점점 사라져 가고 있다. 하지만 이런 일은 사실 예수님의 탄생 때부터 일상적이었다. 그때도 대부분의 사람들은 예수님을 알아보지 못했다.

땅의 시각으로 본 예수님

오늘날 땅의 시각만 가진 사람들에게 예수님은 여전히 아무것도 아니다.

- 2000년 전에 살았던 한 유대인
- 여러 종교 중 하나의 창시자
- 서구 문화의 상징

그들에게 예수님은 우리와 상관없는 '옛날 사람'에 불과하다.

하늘의 시각으로 본 예수님

하지만 하늘의 시각을 가진 사람에게 예수님은 누구인가?

- 예수님은 온 천지와 만물을 지으신 창조주이시다.
- 예수님은 죄인을 용서하고 구원하기 위해 육신을 입고 이 땅에 오신 유일한 구원자이시다.
- 예수님은 모든 찬송을 받으실 분이고, 하늘의 모든 천군과 천사들로부터 찬양을 받으실 가장 높으신 하나님의 독생자이시다.

5. 마무리: 당신에게 예수님은 어떤 분인가?

이 책을 읽고 있는 당신에게 묻고 싶다.
"당신에게 예수님은 어떤 분인가?"

세상의 시각으로 보면 예수님은 여전히 보잘것없어 보일 수 있다.

하지만 하늘의 시각으로 보면, 예수님은 우리 인생에서 가장 소중하고 귀한 분이시다.

이번 성탄절, 당신도 목자들처럼 진짜 예수님을 만나는 놀라운 경험을 할 수 있기를 간절히 기도한다. 그래서 이 위대하신 예수님과 함께하는 참된 기쁨을 누리기를 소망해 본다.

감추고 오신 영광

"…우리가 그 영광을 보니…"(요 1:14)

1. 우리가 아는 '영광'

영광을 본다는 것은 무슨 뜻일까?

우리는 삶 속에서 수많은 영광의 순간을 목격한다.

올림픽 시상대에서 금메달을 목에 걸고 환하게 웃는 운동선수들은 전 세계인의 환호와 쏟아지는 플래시 세례 속에서 최고의 영광을 누린다. 한 편의 영화 같은 삶을 살아온 예술가가 아카데미 시상식 무대에서 트로피를 들고 눈물을 흘릴 때, 우리는 그 자리에 서 있는 것만으로도 그가 정말 영광스럽다고 생각한다. 치열한 선거전을 치르고 당선되어 수많은 지지자들 앞에서 대중 연실을 하는 지도자를 볼 때, 우리는 그에게서 승리와 영광의 빛을 본다.

BTS가 전 세계를 무대로 활동하며 UN 연단에 서서 연설했을 때, 우리는 그들의 눈부신 성공에 감탄하며 참으로 영광스럽다고 느꼈다. 오랜 연구 끝에 자신이 개발한 우주선이 무사히 우주에 안착하는 모습을 보며 감격하는 과학자와의 인터뷰를 들을 때, 우리는 그에게 쏟아지는 찬사에 고개를 끄덕인다.

그렇다. 우리는 영광이 무엇인지 잘 안다.
영광은 성공의 정점이며, 명예와 찬사가 쏟아지는 최고의 순간이다. 그렇기에 영광은 누구나 갖고 싶어 하고, 누구나 부러워하는 가치가 된다.

2. 감추어진 영광

그런데 성경은 전혀 다른 영광을 이야기한다.

예수님이 이 땅에 오셨을 때, 그분은 우리가 아는 그 어떤 영광보다 더 크고, 더 찬란한 영광을 가지고 오셨다. 그분은 만물의 창조주이며, 하나님의 독생자였다. 이 우주에서 그분보다 더 영광스러운 존재는 없다.

하지만 성경은 충격적인 사실을 전한다.

그분은 그 모든 영광을 감추고 이 땅에 오셨다는 사실이다.

"그는 근본 하나님의 본체시나 하나님과 동등됨을 취할 것으로 여기지 아니하시고 오히려 자기를 비워 종의 형체를 가져 사람들과 같이 되었고"(빌 2:6, 7)

가장 높은 곳에서 가장 낮은 곳으로, 온 우주가 그 발아래에 있는 분이 가장 무력한 아기의 모습으로 오셨다. 만물을 다스리는 왕이 섬김을 받는 대신, 종의 형체를 취했다. 세상의 모든 찬사를 받을 분이, 세상의 시선이 머무르지 않는 어두운 곳으로 찾아오셨다.

감춤의 깊이

우리는 그분이 얼마나 큰 영광을 감추셨는지 상상조차 할 수 없다.

온 우주가 그분의 영광으로 충만하고, 천사들이 그분 앞에서 얼굴을 가리며 "거룩하다" 찬양하는 그 영광을 완전히 감추고 오셨다. 이것은 마치 태양이 자신의 모든 빛을 감추고, 작은 촛불처럼 되는 것과 같다. 아니, 그보다 훨씬 더 놀라운 일이다.

그분은 천사들의 경배를 포기하셨다. 영광의 보좌를 포기하셨다. 모든 것을 다스리는 권세를 포기하셨다. 찬양과 영광을 받으실 마땅한 권리를 포기하셨다. 그 모든 것을 우리를 위해 포기하셨다.

3. 영광을 보는 눈

이 감추어진 영광 때문에 세상은 두 부류의 사람들로 뚜렷이 나뉜다.

이 땅에 오신 '말씀(로고스)'이신 하나님의 실존을 영적으로 '보는 자'들이 있는가 하면, 눈앞에 있는 그분을 보면서도 여전히 '보지 못하는 자'들이 있게 된 것이다.

성경은 이 두 부류의 상반된 태도를 극명하게 보여준다.

영광을 본 자들

예수님의 영광을 '본 자'들은 그분 앞에 무릎을 꿇고 이렇게 고백했다.

"나의 주님이시요, 나의 하나님이십니다."

그들은 겉으로 드러난 초라한 모습이 아니라, 그 안에 감추어진 하나님의 영광을 믿음의 눈으로 보았다.

이들은 육신의 눈으로는 초라함만 보였지만, 믿음의 눈으로는 영광을 보았다.

세상의 지혜로는 어리석음으로 보였지만, 하나님의 지혜로는 구원을 보았다. 실패로 보였던 십자가가 실제로는 가장 큰 승리였음을 깨달았다.

영광을 보지 못한 자들

그러나 예수님의 영광을 '보지 못한 자'들은 고개를 빳빳이 들고 조롱했다.

"저 자를 십자가에 못 박으시오! 자기를 하나님과 동등하다고 하는 참담한 말을 하는 자는 죽어야 마땅하오!"

그들은 눈에 보이는 모습만을 보고 판단했고, 그 결과 인류를 구원하러 오신 구세주를 알아보지 못했다.

보는 능력의 출처

이 영광을 보는 능력은 인간의 지성이나 감성에서 나오는 것이 아니다.

이것은 오직 하나님께서 주시는 계시의 은혜이다. 같은 예수님을 보면서도 어떤 이는 하나님을 보고, 어떤 이는 그저 한 사람만을 보는 것이다.

4. 감춤으로 인한 은혜

주님이 영광을 감추고 오심으로 우리는 상상할 수 없는 은혜를 받게 되었다.

접근 가능한 하나님

영광을 감추고 오심으로 하나님은 더 이상 접근 불가능한 분이 아니게 되셨다.

우리는 그분께 편안히 다가갈 수 있고, 우리의 연약함을 토로할 수 있고, 우리의 눈물을 보여드릴 수 있게 되었다.

이해받는 경험

영광을 감추고 우리와 같은 연약함을 경험하셨기에, 우리의 아픔과 고통을 누구보다 잘 아신다. 그러므로 우리는 그 크신 하나님으로부터 이해받는 경험을 할 수 있게 되었다.

두려움 없는 사랑

만약 그분이 영광을 그대로 드러내고 계셨다면, 우리는 두려워서 사랑할 수 없었을 것이다. 하지만 그 영광을 감추고 오심으로 우리는 두려움 없이 그분을 사랑할 수 있게 되었다.

5. 감춤에 대한 감사

성탄절은 '그 영광을 보는 자'들을 위한 특별한 날이다.

하지만 안타깝게도 오늘날, 많은 사람들은 성탄절을 그저 빨간 날, 즉 휴일로만 여긴다. 거리를 가득 채운 화려한 불빛, 다양한 선물과 파티, 곳곳에 울려퍼지는 캐롤은 즐기지만, 정작 이 땅에 오신 예수님의 감추어진 영광에는 관심이 없다.

오늘날 세상은 그 영광을 보지 못하는 눈먼 자들의 차지가 되어가고 있다.

하지만 우리는 그분의 영광을 보는 눈이 열린 사람들이다.

우리만이라도 이 성탄절에 주님께 이렇게 고백할 수 있어야 하겠다.

"주님, 감사합니다.

당신의 무한한 영광을 감추고 우리에게 오셔서 감사합니다.

우리가 가까이 갈 수 있도록 낮아지셔서 감사합니다.

거부당할 위험을 감수하시면서까지 우리를 사랑하셔서 감사합니다.

주님께서 영광의 보좌를 떠나 우리와 함께해 주셔서 감사합니다.

주께서 영광을 감추심으로 인해 우리가 받은 은혜를 결코 잊지 않겠습니다."

5

성탄을 맞이하는 우리의 자세

세상이 고요히 잠든 밤, 가장 낮은 곳에 임한 빛을 기억합니다.

이 땅에 오신 세상의 빛 아래 우리는 어떤 마음으로 서야 할까요?

1. 기쁨의 노래를 부르며

외딴 마구간 한 모퉁이에서
희망이 피어났으니
온 마음 다해 기뻐합시다.

그분은 죄악의 어둠을 뚫고
사랑으로 찾아오신
우리 존재의 이유.

모든 근심과 두려움 내려놓고
벅찬 가슴으로 기쁨의 노래를 부르며
그분을 맞이합시다.

2. 엎드려 경배하며

동방박사들이 황금과 유향과 몰약으로
아기 예수께 무릎 꿇고 경배했듯이
우리도 가장 소중한 것들을 가져와
그분 앞에 겸손히 엎드립시다.

우리의 황금은 진실한 마음,
우리의 유향은 향기로운 찬양,
우리의 몰약은 회개하는 눈물로 삼아
무릎 꿇고 머리 숙여
온 존재로 주님께 경배드립시다.

3. 감사로 채우며

우리를 구원하시려 이 땅에 오신 주님
그 놀라운 사랑을 기억하며
마음 가득 감사를 채웁시다.

죄로 막혔던 하늘 문이 열리고
절망 속에서 희망이 피어나며
외로움 속에서 사랑을 만났으니
온 마음을 다해 감사합시다.

매일의 작은 일상 속에서도
그분의 손길을 발견하고
숨 쉬는 이 순간조차
그의 은혜를 깨달으며
삶의 모든 영역에서
넘치는 감사의 고백들이
하늘에 올려지는 성탄절이 되게 합시다.

4. 주의 사랑을 선포하며

고요한 밤에 울려 퍼지는
성탄의 기쁜 소식을
세상 가장 높은 곳에서
가장 큰 소리로 외칩시다.

혼자라 느껴지는 순간에는
"주님은 늘 나와 함께하십니다!"
죄책감에 움츠러들 때는
"나를 구원하신 주님! 이제 두렵지 않습니다!"
넘어질 것 같은 순간에도
"그분은 기적의 하나님, 나를 일으켜 세우실 것입니다!"
외치고 또 외칩니다.

우리 모두의 삶에
그 사랑의 기적이 가득하게 될 것입니다.

5. 세상을 향해 나아가며

성탄의 빛을 받은 우리,
이제 작은 촛불이 되어

어둠 속 헤매는 이웃에게
따스한 온기를 나누어 줍시다.

굶주린 자에게 빵을,
외로운 자에게 동행을,
상처받은 자에게 위로를
건네는 것이야말로
진정한 성탄의 완성입니다.

그분이 우리에게 보여주신
그 사랑의 방식으로.
성탄의 종소리가 울려 퍼지는 이 거룩한 밤,
우리 마음에도 평화와 소망의 종소리가 울리기를.

그리고 이 기쁨이 새해까지 이어져
365일 내내 그분과 함께하는
축복된 여정이 되기를 기도합니다.

6

성탄, 영혼의 눈을 뜨는 은혜

요한복음 9장에는 예수님께서 태어날 때부터 소경인 사람의 눈을 뜨게 해 주시는 장면이 나온다. 예수님은 소경의 눈을 뜨게 해 주시기 전에 이렇게 말씀하셨다.

"내가 세상에 있는 동안에는 세상의 빛이로라"(요 9:5)

그 말씀 후에 예수님은 소경의 눈에 진흙을 이겨 발라 주신 후, 실로암에 가서 씻으라고 하셨다. 그 소경은 주님의 말씀을 듣고 실로암에 가서 그 눈을 씻었다. 그러자 놀랍게도 눈이 열려 보게 되었다.

그가 소경이었을 때 빛에 관해 설명해 주어야 했다면 어땠을까?

그것은 참으로 어려운 일이었을 것이다. 예수님은 이 소경에게 빛에 관해 설명해 주지 않으셨다. 예수님은 그에게 빛을 보게 해 주셨다. 눈을 뜨게 해 주신 것이다.

이것이 바로 은혜다.
이것이 바로 구원이다.

이전에는 전혀 보이지 않던 영혼의 세계가 눈을 뜨니 그냥 믿어지는 것이다. 모든 것이 확실해진다. 어둠 속에 갇혔던 영혼이 빛을 만나 새로운 세상으로 나아가는 순간이다.

빛을 향한 우리의 간구와 순종

그렇다면 빛을 찾기 위해 우리가 할 일은 전혀 없는 것일까?
성경에는 이 소경처럼 스스로 아무 간구도 하지 않았는데 눈을 열어주신 주님의 전적인 은혜를 입은 자들도 있지만, 자신들의 눈이 열려야 함을 깨닫고, 예수님을 찾아 나와 눈을 열어주시라고 간청한 자들도 나온다. 그중 한 사람이 바로 소경 거지 바디매오다. 그는 예수님이 지나신다는 말씀을 들었을 때 이렇게 소리 질렀다.
"다윗의 자손 예수여 나를 불쌍히 여기소서!"
눈을 뜨기 위해 바디매오에게 어떤 과정이 있었는지 살펴

보자.

1. 그는 증언하는 사람들의 소리에 귀를 기울였다.

그는 예수님에 대한 소문을 들었을 것이다.

그는 그 소문을 흘려듣지 않았다. 귀를 기울여 들었다. 그리고 예수님이 지나신다는 소리를 들었을 때, 소리를 지르며 긍휼을 베풀어 주실 것을 간청했다. 우리에게도 이런 자세가 필요하다.

세례요한의 사역에 관한 흥미로운 기록이 있다.

"그의 이름은 요한이라 그가 증언하러 왔으니 곧 빛에 대하여 증언하고 모든 사람이 자기로 말미암아 믿게 하려 함이라 그는 이 빛이 아니요 빛에 대하여 증언하러 온 자라"(요 1:6-8)

세례요한은 빛에 대해 증언하는 사람이었다.

이처럼 빛에 대하여 증언하는 사람들의 소리에 귀를 기울이는 것이야말로, 주님의 빛을 받을 자들에게 필요한 첫 번째 자세다. 이렇게 해야 할 이유는 분명하다. 빛을 받아들이는 믿음의 역사는 들음에서 나는 것이기 때문이다.

"믿음은 들음에서 나며…"(롬 10:17)

그러므로 증인들의 말에 귀를 기울이는 것이 중요하다. 온전히 믿어지지 않을 때 말씀에서 멀어질 것이 아니라 더욱 말씀 앞으로 가까이 나아가야 한다.

2. 그는 빛을 볼 수 있게 해 주실 것을 간청했다.

　믿어지지 않는 것을 억지로 믿는 척하라는 것이 아니다. 믿어지지 않는다면 그대로 하나님께 믿음을 구해야 한다. 빛을 볼 수 있게 눈을 열어주시라고 간청해야 한다는 것이다. 보이기만 하면 특별한 설명을 하지 않아도 알게 되는 것이 빛이기 때문이다.

　그러므로 생명의 진리를 깨달아 알 수 있도록 우리는 간구해야 한다.

　교회에 와서 말씀을 들어도 항상 무미건조하게 여겨지는가? 기도해야 한다.
　신앙생활이 무의미하게 여겨지는가? 그대로 멈추려 하기보다 기도해야 한다.

　한 성도의 이야기는 우리에게 깊은 공감을 준다. 그는 이렇게 말했다.

"다른 종교에서는 예수님의 존재를 강조하지 않는데… 왜 유독 기독교만 예수님의 존재를 부각하는지… 천지만물을 지은 하나님은 믿겠는데… 예수님과 성령님의 존재를 다시 믿기에는 세상의 지식만 머리에 가득 차 있어서 쉽지가 않았습니다. 목사님의 설교는 종교 수업을 듣는 것 같았습니다."

그러던 어느 날 그에게 놀라운 일이 벌어졌다. 이어지는 그의 고백을 보자.

"예배시간이 되었다. 예배 시작 전에 부르는 복음성가를 듣는 순간 나도 모르게 눈물이 났다. 예배를 듣는 내내 맘이 뭉클해지면서 더 이상 설교가 종교 수업이 아니라 하나님의 말씀으로 들렸으며, 예수님을 다시 하나님의 아들로 믿을 수 있게 되었다.

그토록 인정하기 힘들었던 삼위일체와 예수님의 존재가 믿어지고, 그동안 날 위해 특별히 끊임없이 기도해 주신 집사님들의 기도와 사랑을 느낄 수가 있었다. 사람을 보지 말고 하나님을 보라고 늘 듣고 있지만, 내 눈에 보이는 것은 우선 교회를 다니는 사람들이었기에… 항상 사람들 때문에 돌아서게 되는 나를 너무나 잘 아시는 하나님은 이번엔 실족하지 않도록 정말 신실한 성도들로 나를 에워싸게 해 주셨습니다."

잠언은 이렇게 기록한다.

"나를 사랑하는 자들이 나의 사랑을 입으며 나를 간절히 찾

는 자가 나를 만날 것이니라"(잠 8:17)

또한 예수님도 분명히 말씀하셨다.

"내게 오는 자는 내가 결코 내쫓지 아니하리라"(요 6:37)

주님은 분명히 우리의 기도를 들으신다.

주님을 찾는 자들은 반드시 주님을 만난다.

주님께 오는 자를 주님은 결단코 내쫓지 않으신다.

그러므로 우리는 주님을 찾아야 한다.

주님께 빛을 구해야 한다.

주님은 반드시 은혜를 베풀어 주실 것이다.

바로 지금이 당신의 영혼에 생명의 빛이 임할 때다.

참 자유를 주신 성탄

성탄은 모든 영적 억압으로부터 참 자유를 누리게 하는 사건이다.

이사야 9장 4절은 이렇게 말한다.

"그들이 무겁게 멘 멍에와 그들의 어깨의 채찍과 그 압제자의 막대기를 주께서 꺾으시되 미디안의 날과 같이 하셨음이니이다."

1. 미디안의 날처럼 완전한 승리

'미디안의 날과 같이'라는 표현이 무엇을 의미하는지 알기 위해서는 사사기 7장의 극적인 장면을 떠올려야 한다.

당시 이스라엘은 미디안 족속의 무자비한 억압 아래 신음하고 있었다.

추수철이 되면 메뚜기떼처럼 몰려드는 미디안 군대가 모든 곡식과 가축을 약탈해 갔다. 이스라엘 백성들은 산속 굴과 요새에 숨어 지내야 했고, 밤마다 두려움에 떨며 잠들어야 했다. 7년 동안 계속된 이 악몽은 그들의 삶을 완전히 파괴했다.

그때 하나님은 가장 연약한 가문 출신인 기드온을 부르셨다.

심지어 3만 2,000명의 군대를 단 300명으로 줄이셨다. 인간의 힘으로는 도저히 불가능한 상황에서 하나님의 초자연적인 역사가 일어났다. 미디안 군대는 서로를 적으로 착각하여 동족상잔의 비극을 벌였고, 단 하룻밤 사이에 완전히 궤멸 되었다.

이것이 바로 '미디안의 날'이다.

절망적인 상황에서 하나님이 개입하셔서 완전하고 결정적인 승리를 주신 날이다.

당신의 삶에도 이런 '미디안'이 있지 않은가?

당신을 끊임없이 괴롭히고 자유를 빼앗는, 보이지 않는 적들 말이다.

2. 굴레를 벗어던진 해방의 날

예수님이 오시기 전 세상은 죄와 율법의 종이었고, 사망의 노예였다. 그러나 예수님의 오심으로 상황은 완전히 바뀌었다. 이제 우리는 더 이상 죄와 율법의 종으로 살 필요가 없다. 예수님을 믿는 사람들은 누구든지 죄 사함을 받고, 새 생명의 복을 누린다.

노예에게는 창성함이 별 의미가 없다.

아무리 풍성하게 수확을 해도 그것이 모두 주인의 것이 되기 때문이다. 노예에게는 즐거워할 일도 별로 없다. 하루하루가 강제된 노동의 연속이기 때문이다. 노예의 삶에는 풍성한 추수도, 승전의 기쁨도, 자유라는 말도 의미가 없다.

그런데 예수님을 알기 전, 우리는 모두 영적 노예였다.

죄의 노예, 두려움의 노예, 세상의 가치관에 끌려다니는 노예였다. 겉으로는 자유로워 보였지만, 실제로는 보이지 않는 사슬에 묶여 있었다.

3. 진정한 자유, 그리고 성탄의 의미

그러니 성탄절을 맞아 우리에게 진정한 자유의 빛을 주시기 위해 이 땅에 오신 예수 그리스도를 기쁨으로 맞이해야 한다.

그분이 주시는 자유는 단순히 억압에서 벗어나는 것을 넘어 그분의 품 안에서 참된 기쁨과 의미를 발견하고, 누려 나가는 출발점이다.

갈라디아서 5장 1절은 이렇게 선언한다.

"그리스도께서 우리를 자유롭게 하려고 자유를 주셨으니 그러므로 굳건하게 서서 다시는 종의 멍에를 메지 말라."

예수님의 탄생은 단순한 종교적 사건이 아니다.

그것은 인류 역사의 가장 근본적인 전환점이었다. 죄와 죽음의 권세가 지배하던 세상에 생명과 자유의 왕이 오신 것이다.

당신을 지금 괴롭히고 있는 것이 무엇인가?

성공에 대한 강박인가? 타인의 시선에 대한 두려움인가?

물질적 욕망에 대한 갈증인가? 아니면 과거의 상처와 죄책감인가?

성탄의 계절에는 그 모든 것들이 더 이상 당신을 지배할 수 없다는 사실을 기억하라.

기드온의 300 용사가 미디안 군대를 물리쳤듯이, 예수 그리스도께서 이미 당신의 모든 원수들을 물리치셨다.

로마서 8장 37절의 선포를 당신의 것으로 만들라.

"그러나 이 모든 일에 우리를 사랑하시는 이로 말미암아 우리가 넉넉히 이기느니라"

4. 자유의 증인이 되라.

성탄절에는 우리를 묶었던 모든 멍에가 꺾이고, 새로운 생명 안에서 누리는 자유를 온전히 경험하기를 바란다. 그리고 이 자유를 통해 세상의 어둠 속에서 빛이 되고, 우리 주변의 다른 이들에게도 해방의 소식을 전하는 진정한 성탄의 증인이 되기를 소망한다.

당신의 직장과 가정 그리고 당신의 학교에서, 또한 당신이 만나는 모든 사람들에게 이 자유의 기쁨을 나누어주라.

성공 강박에 시달리는 동료에게는 하나님 안에서의 참된 가치를 보여주고, 인정 욕구에 목마른 친구에게는 무조건적인 하나님의 사랑을 전해 주며, 물질적 욕망에 갇힌 이웃에게는 진정한 만족이 무엇인지 알려줘라.

이것이 바로 성탄이 우리에게 준 사명이다. 자유한 자로서 다른 이들을 자유케 하는 것, 해방된 자로서 다른 이들에게 해방의 소식을 전하는 것이다.

이 성탄절, 가장 낮은 마구간에서 시작된 그 해방의 역사가 당신의 삶을 통해 계속 이어져 나가기를 축복한다.

8

최고의 선물, 예수님

누군가로부터 선물을 받으면 참 기쁘다.

성탄절에 우리가 서로 선물을 주고받는 행위는 어쩌면 이날 우리가 하나님으로부터 가장 크고 놀라운 선물을 받았음을 기념하는 자연스러운 일일 것이다.

그 선물이 바로 **예수님**이시다.

성경은 이렇게 기록하고 있다.

"한 아들을 우리에게 주신 바 되었는데…"(사 9:6)

김소엽 시인의 시 『하나님이 인간에게 주신 최고의 선물』 중 일부이다.

이 세상 가장 좋은 낙원 같은 곳/ 다 접어 두고/ 하필이면 가장 무
덥고 척박한 땅
이스라엘 그 중에서도/ 볼품없는 작은 고을 베들레헴/ 그 황량하
고 쓸쓸한 곳에서
당신은 어떻게 태어나셨는가?

(후략)

시인의 고백처럼, 가장 높고 영광스러운 자리에서 가장 낮고
비천한 곳으로 오신 예수님은 그 존재 자체로 우리를 향한 하
나님의 지극한 사랑이자 가장 귀한 선물이다.

성경은 담담하게 "하나님이 세상을 이처럼 사랑하사 독생자
를 주셨으니…"(요 3:16)라고 기록한다.

1. 선물의 가치를 아는 지혜

그러나 때로는 선물의 진정한 가치를 알지 못해 온전히 기
뻐하지 못하는 경우도 있다.

너무나 귀한 선물은 그 가치를 온전히 깨닫기 전까지는 그
소중함을 알지 못할 수도 있다. 예를 들어, 이제 막 유치원에
들어간 아이는 장난감 자동차가 진짜 자동차보다 훨씬 더 좋
은 선물이라고 생각할 수 있을 것이다. 만약 진짜 차를 선물로
받는다면 "왜 이런 선물을 주셨냐?"고 불평할 수도 있다.

선물의 가치를 아는 사람이 옆에서 그 모습을 본다면 웃지 않을 수 없을 것이다. 장난감 자동차와 진짜 자동차는 비교할 수 없음을 너무나 잘 알기 때문이다.

이런 일들이 하나님이 우리에게 주신 선물에도 그대로 적용된다. 하나님이 우리에게 선물로 주신 예수님은 너무나 엄청나셔서, 어떤 사람들은 자신들이 받은 선물이 얼마나 대단한지 잘 이해하지 못하는 경우도 많다. 그들은 세상의 좋은 것들 대신 예수님을 선물로 주셨다고 하면 불평할 수도 있을 것이다.

결국 문제는 선물을 받는 자들의 수준과 시선에 달려 있다. 『신학 대전』의 저자인 토마스 아퀴나스(Thomas Aquinas)가 기도하는 중에 하나님이 그에게 나타나 물으셨다고 한다.
"나의 사랑하는 종 아퀴나스야, 내가 네게 무엇을 주랴?
무엇을 원하기에 그토록 밤낮 부르짖느냐?"
그때 그는 이렇게 간구했다고 한다.
"하나님, 제게는 아무것도 필요 없습니다.
주님! 무엇을 주시려거든 주님 자신을 제게 주옵소서!"
이것이 **최고의 선물이 무엇인지를 아는 성숙한 사람의 모습**이다.

2. 진정한 만족을 찾아서

최고의 선물이 무엇인지 모르는 사람들은 예수님이 아닌 다른 것을 구한다.

빌리 그래함(Billy Graham) 목사님은 사람들이 흔히 5가지 헛된 것들을 추구한다고 했다.

① 도박을 통해 행복을 꿈꾸는 것: 일확천금으로 얻는 순간적인 쾌락이 진정한 만족을 줄 것이라 착각한다.

② 돈을 통해 행복을 추구하는 것: 물질적인 풍요가 삶의 모든 문제를 해결해 줄 것이라 믿는다.

③ 하나님 없는 평화를 추구하는 것: 세상적인 방법이나 인간의 노력만으로 참된 평안을 얻으려 한다.

④ 인간의 선행으로 구원이 가능하다고 믿는 것: 자신의 의로운 행위만으로 죄의 문제를 해결할 수 있다고 여긴다.

⑤ 하나님과의 영적인 만남이 없는 종교인의 헛된 노력: 형식적인 신앙생활만 할 뿐, 하나님과의 살아있는 교제는 없다.

예수님 안에서만 행복, 평화, 구원, 은혜 이 모든 것이 가능하다. 그러나 이러한 사실을 알지 못하는 이들은 예수님 없이 다른 것에서 행복, 평화, 구원, 은혜를 찾으려 한다. 예수님이 참 선물이심을 모르기 때문이다.

하나님은 우리를 위해 최고의 선물이신 예수님을 주셨다.

예수님 인에는 모든 평화와 안식과 기쁨과 축복이 담겨 있다.

예수님은 마치 종합 선물 세트처럼 우리에게 필요한 모든 것을 담고 있는 완벽한 선물이다. 이 사실을 아는 자들은 다음과 같이 반응한다.

● 예수님만으로 만족한다.

● 예수님을 소중히 여긴다.

● 최고의 선물을 주신 하나님께 진심으로 감사한다.

삶이 아무리 힘들어도, 이 최고의 선물을 붙들면 참된 위로와 용기, 그리고 영원한 소망을 그분 안에서 찾을 수 있을 것이다.

성탄절이 우리 주 예수님만 영원토록 찬양을 받는 특별한 날이 되기를 간절히 소망한다.

가장 낮은 곳에서 만난 희망: 임마누엘의 진짜 의미

누구나 한 번쯤은 삶의 밑바닥에 서 있다고 느낄 때가 있다. 세상은 외면하고, 나 자신조차 보잘것없게 느껴지는 순간들. 그럴 때마다 우리는 과연 어디에서 위로와 희망을 찾을 수 있을까? 오늘, **임마누엘이라는 단어가 당신의 삶에 어떤 의미가** 될 수 있는지 이야기하려 한다.

우리가 살아가는 세상에는 분명 눈에 띄지 않는, 어쩌면 아무 가치도 없다고 여겨지는 '낮고 천한 자리'가 존재한다. 그런데 놀랍게도, 세상의 가장 낮은 곳에 오셔서 우리에게 빛이 되신 분이 있다. 바로 임마누엘로 이 땅에 임하신 예수님이시다.

'하나님이 우리와 함께'라는 뜻을 가진 임마누엘은 화려한 궁전도, 웅장한 성전도 아닌, 가장 비천한 말구유에서 시작되었다. 성자 하나님이신 예수님께서 세상의 가장 낮은 자들과 함께하기 위해 의도적으로 가장 낮은 곳을 택하여 임하신 것이다.

세상의 외면 속, 변치 않는 동반자

세상은 당신을 외면할지라도, 기억하라. 당신이 지금 서 있는 그 자리가 아무리 초라하고 절망적이라 해도, 그곳이 바로 하나님이 찾아오시는 임마누엘의 자리가 될 수 있다는 것을.

우리가 낮은 자리에 있을 때, 세상은 쉽게 우리를 멀리한다. 삶이 평화로울 때는 많은 이들이 주위에 모여들지만, 어려움이 닥치면 대부분 곁을 떠나는 것이 냉정한 세상의 현실이다. 성공할 때는 축하 인사가 끊이지 않지만, 실패의 순간에는 위로의 전화 한 통 오지 않는 것이 지극히 흔한 일이다.

하지만 어려운 때에도 변함없이 곁을 지켜주는 존재가 있다면, 그것이야말로 삶에 진정한 위로가 될 것이다.

그렇다면, 예수님께서 항상 우리 곁에 함께하신다는 사실은 얼마나 더 큰 힘과 위로, 그리고 용기를 줄까? 예수님이 우리와 함께하신다는 것은 단순한 위로를 넘어, 무한한 소망의 이유가 된다.

사도 바울은 고린도 교회 성도들에게 이렇게 말했다.
"우리 주 예수 그리스도의 은혜를 너희가 알거니와 부요하신 이로서 너희를 위하여 가난하게 되심은 그의 가난함으로 말미암아 너희를 부요하게 하려 하심이라"(고후 8:9)

예수님은 세상의 가장 낮은 자리, 말구유에 오심으로써 우리에게 실질적인 변화를 주고자 하셨다. 그가 가난해지신 것은 우리를 부요하게 해 주시기 위한 희생이었다.

임마누엘이 바꾼 삶의 드라마

역사 속에는 낮고 천한 위치에서 주님을 만나 삶의 극적인 변화를 경험한 이들이 셀 수 없이 많다. 그들의 이야기는 임마누엘의 약속이 단순한 위로를 넘어선, 실질적인 변화의 희망임을 증명한다.

예를 들어, 한국 사회로부터 버림받은 전도 부인의 아들로 태어난 남궁혁 목사가 있다.
그는 어머니의 헌신적인 후원으로 배재학교에서 공부할 수 있었고, 세관에서 근무하던 중 예수님을 재영접했다. 그리고

1922년 목회자가 되었다.

프린스딘 신학교에서 신약학을 공부한 그는 1925년, 한국인 최초로 평양신학교 교수가 되었으며, 미군정청 시절에는 관세청장과 관재국장을 지냈다. 가장 낮은 곳에서 시작된 그의 삶은 주님으로 인해 놀라운 부요함에 이른 것이다.

또한, 백정 출신이었던 박성춘 장로의 이야기도 빼놓을 수 없다.

그는 토마스 무어(Thomas Moore) 선교사의 헌신적인 사랑에 감동받아 온 가족과 함께 예수님을 믿게 되었다. 양반과 상놈이 함께 다니던 승동교회의 초대 장로가 된 그는 신분의 장벽을 넘어 공동체의 리더로 우뚝 섰다. 그의 아들 박서양은 세브란스 의대를 졸업하고 조선 최초의 서양 의사가 되었으며, 간도에서 후학을 양성하고 독립운동까지 활발히 펼쳤다.

주님의 말씀대로 이들의 삶은 가장 낮은 자리에서 시작되었지만, 주님으로 인하여 헤아릴 수 없는 큰 부요함에 이르렀다.

오늘, 당신을 향한 임마누엘의 의미

예수님은 이처럼 우리의 삶에 실질적인 변화를 주기 위해, 가장 낮은 마구간에 임마누엘로 오셨다.

혹시 지금 당신의 삶이 응급실 복도에서 사랑하는 사람의 회복을 간절히 기다리며 초조하게 기도하고 있는 것처럼 차갑고 외롭게 느껴지는가? 아니면 폐지 줍는 할머니들의 외로움처럼 세상으로부터 소외되고 외면받고 있다고 느껴지는가? 사업은 실패했고 아무도 도와주지 않는 고립무원의 상태에 처해 있다고 느껴지는가?

당신이 지금 서 있는 그 자리가 아무리 어둡고 절망적이라 해도, 그곳이 바로 임마누엘의 자리다. 당신은 혼자가 아니다. 지금 그 자리에도 그분이 당신과 함께하고 있다.

단순한 위로를 넘어, 우리를 '부요하게' 하시려는 그분의 무한한 사랑과 희생 속에서 우리는 새로운 소망을 발견할 수 있다. 이것이 바로 오늘, 불안하고 초라하게 느껴지는 당신의 삶에 찾아온 임마누엘의 참된 의미다. 그분과의 동행 속에서 당신의 삶은 진정 부요해질 것이다.

당신의 삶에도 임마누엘의 놀라운 변화가 있기를 소망한다.

오드리 헵번의 성탄 메시지:
가장 낮은 곳에 임하는 사랑

크리스마스는 화려한 장식과 따뜻한 불빛, 사랑하는 이들과의 만남을 떠올리게 한다. 하지만 성탄절의 진정한 의미는 어디에 있을까? 그 답이 세상을 아름답게 살다 간 한 여인의 마지막 메시지에 담겨 있을지도 모르겠다.

오드리 헵번이 죽기 1년 전 성탄 이브에 사랑하는 아들에게 남긴 글 일부를 소개한다.

이 글에는 단순히 한 아이 엄마의 당부가 아니라, 그녀가 평생 가장 낮은 곳을 향해 품었던 존중과 사랑의 마음을 담고 있다.

아름다운 입술을 갖고 싶다면 친절한 말을 하라.

사랑스러운 눈을 갖고 싶으면 사람들에게서 좋은 점을 봐라.

날씬한 몸매를 가지고 싶다면

너의 음식을 배고픈 사람들과 나누어라.

아름다운 머리카락을 가지고 싶다면

어린이가 손가락으로 너의 머리를 쓰다듬게 해라.

(중략)

기억해라.

만일 도움의 손길이 필요하다면

너의 팔 끝에 있는 손을 이용하면 된다.

한 손은 너 자신을 돕는 손이고

다른 한 손은 다른 사람을 돕는 손이다.

오드리 헵번의 이 아름다운 메시지는 겉모습 너머의 진정한 가치를 보게 해 준다.

이는 마치 가장 낮은 곳에 임하신 예수님의 성탄과 그 의미가 맞닿아 있다고 할 수 있다. 예수님은 천지와 만물 위에 계신 분이지만, 가장 낮고 천한 말구유에서 삶을 시작하셨다. 바로 낮은 곳에 있는 사람들을 구원하시기 위함이었다.

이 점에서 참된 성탄절의 의미는 바로 보잘것없는 이웃을 향한 존중과 사랑에 있다고 해야 할 것이다. 그러므로 올해는 낮고 천한 이들과 함께하는 성탄절이 되게 하면 어떨까?

임마누엘의 정신은
소외된 이들과 함께하는 것에 있다.

노벨문학상 수상자인 펄벅(Pearl S. Buck) 여사가 "우리 주변에 찾아오는 사람들은 모두, 예수님이시다"라는 말을 했다고 한다.

그녀는 중국에서 선교사의 딸로 태어나 오랫동안 중국에서 생활을 했다. 그러던 어느 추운 겨울, 누더기 차림의 한 여인이 펄벅 여사를 찾아와 급히 도움을 청했다. 흉년으로 굶주리고 남편마저 떠나 기댈 곳 없던 여인은 외국인인 펄벅 여사를 찾아왔던 것이다.

펄벅 여사는 그 여인에게 집 뒤에 있는 노동자 숙소에 방을 빌려주고, 6개월간 밥을 먹을 수 있게 해 주었다. 임신 상태였던 그 여인은 펄벅 여사의 도움으로 건강하게 아이를 출산했고, 무사히 집으로 돌아갈 수 있었다.

그 여인이 돌아간 후 6개월이 지났다. 그 사이 중국은 공산화되었다. 공산당들이 들어와 서양인들을 마구 죽였다. 펄벅 여사의 하인들은 모두 도망갔고, 아무도 그녀 곁에 남아 있지 않았다. 펄벅 여사의 가족들은 두려움에 떨고 있었다.

그런데 그 위험한 곳에 한 사람이 찾아왔다.

바로 그 여인이었다. 그녀는 자신이 어려움을 당할 수 있다는 사실을 알면서도, 펄벅 여사의 가족을 자기 집 헛간에 피할 수 있게 도와주었다. 결국 그녀의 도움으로 펄벅 여사의 온 가족이 죽음의 땅을 벗어날 수 있었다.

자신을 찾아온 가장 낮은 자를 존중히 여겨 베푼 친절이 그녀와 가족들의 생명을 지키는 길이 된 것이다.

주님은 우리를 위해 가장 낮고 천한 말구유에 오셨다.

낮고 천한 자를 존중히 여기는 마음을 갖는 것은 그리스도인들에게는 지극히 자연스러운 일이 되어야 할 것이다. 주님은 이런 일들을 기뻐하신다.

올해 성탄절에는 우리의 시선을 세상의 화려함이 아닌, 가장 낮은 곳에 있는 이웃들에게 돌려보는 건 어떨까? 그들과 함께하는 것이야말로 진정 임마누엘의 의미를 실천하는 아름다운 일이 될 것이다.

예수님의 탄생은 기적이다

이사야 7장 14절은 "보라 처녀가 잉태하여 아들을 낳을 것이요 그의 이름을 임마누엘이라 하리라"고 예언한다. 이 예언처럼 예수님은 처녀의 몸에서 탄생하셨다. 이는 인류 역사상 가장 놀라운 기적 중 하나라고 할 수 있다. 하지만 현대에 와서도 일부 사람들은 예수님이 동정녀의 몸에서 탄생하셨다는 사실을 부인하려 한다.

과거 뉴욕의 리버사이드 교회에서 미국 자유주의 신학 운동의 선구자였던 해리 에머슨 포스딕(Harry Emerson Fosdick)은 "나는 동정녀 탄생을 믿지 않으며 아무도 동정녀 탄생을 믿지 않기를 바란다"라고 까지 말한 바 있었다. 그러나 존 맥아더(John MacArthur) 목사는 예수님이 반드시 동정녀의 몸에서 탄생하셔야만 했던 이유를 다음과 같이 설명한다.

동정녀 탄생이 필수적인 이유

1. **마리아의 순결성 유지**: 만약 그리스도가 동정녀에게서 나지 않았다면, 마리아는 요셉과 정혼한 상태에서 부정한 행위를 저지른 간음한 여인이었을 것이다. 당시 정혼은 오늘날의 약혼과는 달리 이혼 증서가 있어야만 파기될 정도로 엄격한 결혼 서약이었다. 만약 마리아가 순결을 지키지 않았다면, 그녀는 공개적인 수치와 징계를 받았을 것이다.

2. **예수님의 신성 입증**: 예수님은 자신이 거듭하여 하나님의 아들이며, 하나님이 자신의 아버지라고 선언하셨다. 만약 예수님이 남성의 개입으로 태어났다면, 그의 육신의 아버지는 요셉이었을 것이고, 예수님의 신성(神性)에 대한 모든 주장은 거짓이 되고 만다.

3. **'여자의 후손' 예언의 성취**: 예수님이 남자의 작용으로 태어났다면 창세기 에덴동산에서 하나님이 약속하신 "여자의 후손이 뱀의 후손의 머리를 상하게 하리라"는 예언이 성취될 수 없었다. 예수님은 단순한 사생아가 아닌 하나님의 아들로서, 죄 없는 완전한 존재여야만 했다. 그래야만 인류의 죄를 대속할 수

있는 희생 제물이 될 수 있기 때문이다. 만약 예수님이 우리와 같은 죄인이었다면, 그는 구세주가 될 수 없으며, 우리는 어전히 죄 가운데 머물러 구원의 소망을 잃게 된다. 이는 하나님과 인간 사이의 중재자도, 삼위일체의 두 번째 위격인 성자도 부정하는 결과로 이어진다.

4. 예수님의 대속적 기도: 동정녀 탄생이 없다면 그리스도는 우리와 똑같이 죄인일 뿐이므로, 십자가에서 "아버지, 저들을 용서하여 주옵소서"라고 기도할 수 없었을 것이다. 대신 "아버지, 우리를 용서하여 주옵소서"라고 기도했어야 마땅했을 것이다.

결론적으로, 동정녀 탄생이라는 기적을 부인한다면, 우리는 기독교 신앙의 근간을 송두리째 부인하는 것이다. 예수 그리스도가 구세주 하나님이시라는 모든 주장이 무의미해지며, 우리에게 구원의 소망은 사라질 것이다.

누가복음 1장 34, 35절에서 마리아가 "나는 남자를 알지 못하니 어찌 이 일이 있으리이까?"라고 묻자, 천사는 "성령이 네게 임하시고 지극히 높으신 이의 능력이 너를 덮으시리니 이러므로 나실 바 거룩한 이는 하나님의 아들이라 일컬어지리라"라고 답했다.

이처럼 예수님은 분명히 성령의 능력으로 동정녀 마리아의 몸에 잉태되셨다. 그래서 예수님은 항상 자신을 하나님의 아들이라고 말씀하신 것이다.

오늘날에도 많은 이들이 우리의 신앙을 흔들기 위해 온갖 거짓말로 우리를 미혹하지만, 성탄절은 바로 이 기적의 주님을 영접하는 날이다. 성탄절은 가장 놀라운 기적을 행하신 하나님의 은혜와 복이 우리에게 임한 날이다.

아브라함의 삶에 이삭이라는 기적이 임했듯이, 우리 삶에도 예수님이 기적으로 나타나셨다. 그러므로 성탄절은 우리가 가장 기쁜 소리로 이 땅에 오신 기적의 주님을 찬양해야 할 때이다.

태초에 계셨던 말씀, 예수님

우리는 해마다 성탄절을 맞이하며 구유에 누우신 아기 예수님을 기억한다.

그런데 사도 요한은 그의 복음서에서 예수님을 특별한 이름으로 부른다. 바로 **말씀**이다.

"태초에 말씀이 계시니라 이 말씀이 하나님과 함께 계셨으니 이 말씀은 곧 하나님이시니라"(요 1:1)

예수님을 왜 '말씀'이라고 표현했을까?

우리가 이 질문에 대한 답을 찾아가다 보면, 성탄절의 의미가 얼마나 깊고 놀라운지 깨닫게 될 것이다.

예수님은 왜 '말씀'이신가?

'말씀'이란 무엇인가? 아더 핑크(Arthur W. Pink)는 세 가지 측면에서 '말씀'의 의미를 설명한다. 이 설명은 예수님이 왜 '말씀'이신지 이해하는 데 큰 도움이 된다.

첫째, 말씀은 보이지 않는 생각을 드러낸다.

우리는 마음속 생각을 볼 수 없지만, 말을 통해 우리의 생각이 명확하게 드러나고 객관화된다. 이처럼 예수님은 보이지 않으시는 하나님의 마음과 생각을 우리에게 분명히 보여주시는 분이다. 예수님을 통해 우리는 하나님의 뜻과 계획이 무엇인지 알 수 있다.

둘째, 말씀은 전달하고자 하는 바를 알리는 수단이다.

사람들은 말을 통해 자신의 뜻을 알리고 지식을 나눈다. 마찬가지로 하나님께서는 예수님을 통해 당신의 뜻을 세상에 알려주시고, 당신의 놀라운 지혜와 위대하심을 가르쳐주셨다. 예수님의 가르침과 삶을 통해 우리는 하나님의 진리를 배우고, 그분이 어떤 분이신지 깨닫게 된다.

셋째, 말씀은 그 사람의 됨됨이를 드러낸다.

우리는 어떤 사람의 말을 들어보면 그 사람의 지적인 능력, 도덕적인 성품, 심지어는 마음가짐까지도 짐작할 수 있다. 이처럼 예수님의 삶과 사역 전체는 하나님의 능력과 놀라우신 성품, 그리고 그분의 지극히 존귀하심을 우리에게 고스란히 보여준다. 예수님을 통해 우리는 하나님의 사랑, 공의, 자비, 그리고 거룩하심을 직접 경험할 수 있다.

이러한 의미에서, 예수님을 '말씀'이라고 하는 것은 다음 두 가지 핵심적인 진리를 담고 있다.

예수님을 통해 하나님이 자신을 우리에게 완전하게 드러내셨다는 것이다.
예수님은 하나님의 온전한 자기 계시이며, '하나님의 형상'이다.

하나님은 말씀하신 그대로 행하시는 분이며, 하나님과 말씀은 본질적으로 동일하다는 것이다. 그러므로 말씀이신 예수님 또한 하나님과 동일한 분이시며, 그분 자체가 곧 하나님이시다.

말씀이신 예수님을 통해 누리는 축복

성탄절은 이처럼 위대하신 '말씀'이신 예수님께서 우리 가운데 오신 가장 특별한 절기이다. 말씀이신 주님이 우리에게 오심으로 우리는 헤아릴 수 없는 놀라운 축복을 누리게 된다.

첫째, 하나님의 마음을 알게 되는 축복이다.

혼돈과 불확실함 속에서 우리는 하나님의 뜻을 몰라 방황할 때가 많다.

하지만 말씀이신 예수님을 통해 우리는 하나님의 사랑과 구원의 계획을 명확히 알게 되어, 그분의 뜻대로 살아가며 진정한 평안을 누릴 수 있다.

둘째, 진리 안에서 길을 찾는 축복이다.

세상의 수많은 목소리 속에서 우리는 무엇이 진리인지 혼란스러울 때가 많다. 그러나 예수님은 "내가 곧 길이요 진리요 생명이니"(요 14:6)라고 말씀하셨다. 말씀이신 예수님을 통해 우리는 어둠 속에서 빛을 찾고, 삶의 올바른 방향을 발견하며, 영원한 생명으로 나아갈 수 있다.

셋째, 하나님을 닮아가는 축복이다.

예수님의 삶은 하나님의 성품을 가장 완벽하게 보여주셨다. 말씀이신 예수님을 묵상하고 그분의 가르침을 따를 때, 우리는 하나님의 사랑과 공의를 배우고, 점차 그분의 거룩한 성품을 닮아가는 존재로 변화된다. 이는 우리의 삶을 더욱 풍성하고 의미 있게 만든다.

성탄절, 말씀에 귀 기울이는 시간

이번 성탄절은 단순히 아기 예수님의 탄생을 기념하는 것을 넘어, '말씀'이신 예수님의 소중함을 마음에 새기고 그 말씀에 귀 기울이는 시간이 되기를 바란다. 말씀을 통해 우리에게 다가오신 예수님을 더 깊이 만나고, 그분 안에서 참된 평안과 기쁨을 누리는 복된 성탄절이 되기를 기도한다.

당신은 말씀이신 예수님을 통해 하나님의 어떤 부분을 깨닫고 싶은가?

13

구유에 누인 아기 예수,
당신의 열등감을 품다

사람들은 종종 자신의 처지를 비관한다.

부자, 권세가, 지식인들과 자신을 비교하며 부족한 점에 안타까워한다. 혹시 당신도 그런 생각을 하는가? 그렇다면 성탄하신 예수님을 만나야 한다.

예수님은 이 땅에 가장 보잘것없는 모습으로 오셨다. 세상의 눈으로 보면, 그분은 초라하고 약했다. 하지만 그분은 세상에서 가장 위대한 인생이 무엇인지를 보여주셨다. 그분을 따른 제자들 역시 주님의 은혜 안에서 위대한 삶을 살았다.

이런 점에서 가장 낮은 곳에 임하신 주님은 우리에게 무한한 위로를 주신다. 성탄절만 되면 우리가 어렵고 힘든 이웃을 돌아보게 되는 이유는 무엇인가? 그것은 가장 낮고 가난한 모습으로 이 땅에 오신 예수님을 우리가 닮고 싶기 때문일 것이다.

예수님이 이 땅에서 부르신 제자들을 살펴보자.
당시 종교 지도자들이나 로마의 권력자들, 헬라의 철학자들이 아니었다.

베드로: 갈릴리 어부, 성격 급하고 실수 많은 사람
마태: 세리, 민족의 배신자로 여겨지던 사람
도마: 의심 많고 확신이 부족한 사람
야고보와 요한: 우뢰의 아들들, 성격이 거친 어부 형제

이들의 모습에서 발견되는 공통점이 무엇인가?
성경은 이렇게 말씀한다.
"하나님이 세상의 미련한 것들을 택하사 지혜 있는 자들을 부끄럽게 하려 하시고 세상의 약한 것들을 택하사 강한 것들을 부끄럽게 하려 하시며"(고전 1:27)

이들이 예수님을 만난 후 어떻게 변화되었는가?
복음으로 온 세상을 뒤흔든 하나님의 증인들이 되었다.

이무석 교수는 그의 책 『자존감』에서 우리 안에 뿌리 깊은

열등감들을 이렇게 분류했다.

  외모와 신체 조건에 대한 열등감
  집안 배경과 가문에 대한 열등감
  경제적 처지에 대한 열등감
  학력과 지적 능력에 대한 열등감
  사회적 인맥과 영향력에 대한 열등감

이런 열등감들은 우리를 위축시키고, 하나님이 주신 고유한 가치를 보지 못하게 만든다.

성경 속 인물들처럼 우리 안에도 다양한 열등감이 존재한다. 이런 우리의 열등감을 근본적으로 제거하기 위해 심리학적 방법을 사용할 수도 있지만, 신앙적으로 다른 방법을 사용할 수도 있다.

바로 **예수 그리스도를 구주로 믿고 따르는 것**이다.
예수 그리스도를 믿고 의지하면, 자신의 인생을 낮고 비참하게 인식하던 모든 열등감은 사라지기 마련이다.

왜냐하면 우리는 예수님도 우리처럼 가장 낮은 곳으로 오셨다는 사실을 알게 되기 때문이다. 그리고 그 낮아지심이 결코 부끄러운 일이 아니라, 오히려 가장 영광스러운 선택이었음을 알게 되기 때문이다.

이것은 단지 한 개인의 열등감에 관한 문제만이 아니다.

오랜 세월 동안 우리 한국인들은 스스로 작고 보잘것없는 민족이라 여겨왔었다.

지정학적으로 강대국들 틈에 끼어 있다는 민족적 열등감도 있었다. 하지만 **그리스도의 복음**이 이 땅에 전해진 지 백년 남짓한 시간 동안, 대한민국은 온 세상의 주목을 받는 나라가 되었다. 이제 세계를 이끄는 리더의 역할을 감당할 정도이고, K-문화의 영향력은 지금 전 세계를 매료시키고 있다.

『코리아 다시 생존의 기로에 서다』의 저자 배기찬은 그의 책에서 한국의 지정학적 위치를 이렇게 표현했다.

「비유컨대 일본에게 코리아는 열도의 심장을 겨누는 비수이고, 중국에게 코리아는 대륙의 머리를 때리는 망치이다. 러시아에게 코리아는 태평양으로의 진출을 막는 수갑이며, 미국에게 코리아는 일본 태평양의 군사력에 대한 방아쇠다.」

이처럼 오랜 세월 동안 우리 민족을 위협하던 지정학적인 어려움들이, 이제는 도리어 기회로 변화되고 있다. 우리 민족은 주변 국가들의 위협이 아니라, 그들을 화평하게 하고 함께 번영하는 나라로 세워져야 한다.

중국 변방의 오랑캐 국가로 여겨지던 이 민족을 위로하시고, 전 세계에 희망을 주는 나라로 세워주신 주님의 은혜가 무한히 감사하다.

성탄의 계절, 가장 낮은 곳으로 오신 예수님을 묵상하며 당신 안의 열등감이 치유되기를 소망한다. 그분은 가장 보잘것 없어 보이는 당신조차도 가장 존귀하게 만드시는 분이다.

우리에게 오신 빛

문득 한겨울 차가운 바람 속에서 내리쬐는 햇살 한 줄기가 얼마나 따스한 위로가 되는지 느껴본 적이 있는가? 어둠 속에서 길을 헤맬 때, 저 멀리 보이는 등대 불빛 하나가 얼마나 큰 희망이 되는지 경험해 본 적은 있는가?

왜 우리는 이 성탄의 계절에 유독 '빛'에 대해 이야기하는 것인가?

바로 어둠 가운데 오셔서 우리의 모든 것을 변화시키신 참 빛이 되신 예수님 때문이다.

생명을 공급하는 빛

빛은 생명을 공급하는 에너지다. 빛이 없으면 대부분의 식물은 자랄 수 없고, 세상은 죽은 듯 고요했을 것이다. 참 빛이신 예수님은 이처럼 우리에게 영원한 생명의 에너지를 공급해 주시러 이 땅에 오셨다.

요한복음 1장 4절은 "그 안에 생명이 있었으니 이 생명은 사람들의 빛이라"라고 말씀하셨다.

우리의 영혼이 죄와 절망 속에서 시들어갈 때, 예수님이라는 생명의 빛이 우리에게 비치면 메말랐던 영혼이 다시 소생하고, 새로운 희망이 움트기 시작한다. 이 빛은 단순히 눈에 보이는 빛이 아니라, 우리의 영혼 깊숙한 곳까지 파고들어 죽었던 우리의 마음을 일깨우고, 우리를 생명력 넘치는 존재로 만들어 준다. 예수님은 우리에게 참 생명을 공급해 주신 생명의 빛이시다.

만물에 모양을 부여하는 빛

우리가 서로를 볼 수 있고, 아름다운 세상을 구별할 수 있는 까닭은 빛이 있기 때문이다. 만일 빛이 없다면 우리는 아무것도 볼 수 없는 혼돈 속에서 서로를 인식조차 할 수 없을 것이다. 그러나 빛이 있기에 우리는 만물의 아름다움을 구별하고, 저마디의 의미를 발견하며 서로를 마주 바라볼 수 있는 것이다.

　마찬가지로, 예수님은 우리에게 참된 분별력과 시각을 허락하시는 빛이 되신다.

　세상의 거짓과 진리, 옳고 그름을 분별하는 기준은 오직 그분 안에 있다. 예수님이라는 빛이 비출 때, 우리는 비로소 세상을 하나님의 눈으로 바라보고, 이웃을 진정한 사랑의 시선으로 마주하며, 우리 자신의 참된 모습까지도 깨달을 수 있다.

　어둠 속에서 방황하던 우리의 눈을 뜨게 하시고 참된 진리를 보게 하신 하나님의 은혜에 어찌 감탄하지 않을 수 있겠는가? 주변의 아름다운 자연 만물을 바라보며 하나님의 창조의 솜씨에 감탄할 때마다, 우리에게 그것을 볼 수 있는 참빛을 비추어 주신 우리 주님께 감사할 수 있어야 할 것이다.

세상에 따스함을 가져다주는 빛

그늘진 곳에서는 같은 추위도 훨씬 더 춥게 느껴진다.
그러나 햇살이 내리쬐는 곳에서는 추위가 훨씬 덜 느껴진다.
이처럼 빛은 세상에 따스함을 공급한다.

예수님은 이 세상에 참사랑의 따스함을 가져다주셨다.

미움과 이기심, 절망으로 얼어붙은 세상에 조건 없는 희생과 용서, 섬김의 본을 보이심으로 사랑이 무엇인지 가르쳐 주셨다. 그 사랑은 이 차가운 세상을 너무나 따뜻하게 만들어 준 온기가 되었다.

당신의 마음속에 차가운 절망이나 외로움이 자리하고 있는가?

예수님은 바로 그곳에 찾아오셔서 당신의 마음을 녹이고 온전한 평안과 사랑으로 채워주실 분이시다. 그분의 사랑은 우리의 상처를 치유하고, 깨어진 관계를 회복시키며, 외로운 영혼에게 따뜻한 품을 내어주는 진정한 빛이다.

우리에게 오신 빛, 예수 그리스도

예수님은 이런 일을 하시기 위해 이 땅에 오셨다.

모든 어둠을 물리치시기 위해 오셨다.

그분은 죄와 절망의 그림자를 걷어내고 우리에게 참된 자유를 선물하셨다.

삶에 아름다움을 드러내 주시기 위해 오셨다.

그분은 상하고 깨어진 영혼에 새 생명을 불어넣어 인생을 아름다운 그림으로 바꿔 놓으셨다.

우리 삶에 진정한 사랑의 따스함을 가르쳐 주시기 위해 오셨다.

그분은 미움과 이기심이 가득한 세상에 조건 없는 희생과 섬김의 본을 보이심으로 참된 사랑의 의미를 깨닫게 하셨다.

우리가 성탄을 기념하는 이유는 바로 그 참빛이 우리 가운데 임하셨기 때문이다.

지금, 당신의 삶에는 어떤 어둠이 드리워져 있는가?

당신의 삶에 어둠이 드리워져 있다면 참빛 되신 예수님을 찾아야 한다.

그가 당신 삶의 모든 어두움을 몰아내 주실 것이다.

처녀가 잉태하여
아들을 낳을 것이요

보통 사람들에게 우리나라 최고의 격투기 선수와 싸워서 이 길 수 있느냐고 묻는다면, 그건 불가능하다고 대답할 것이다. 하지만 그런 싸움에도 단 0.001%라도 가능성은 있다고 말할 수 있다. 그러나 처녀가 잉태하여 아들을 낳는 일은 실로 단 한 치의 가능성도 없는 일이다.

그런데 하나님은 바로 그 약속을 하셨고, 그 약속을 이루어 주셨다.

예수님이 말씀하신 대로 처녀인 마리아의 몸을 통해 이 땅에 오신 것이다.

"보라, 처녀가 잉태하여 아들을 낳으리니…"(사 7:14)

그러므로 우리가 참믿음으로 성탄절을 맞이한다면, 입술에 "안 된다, 못한다, 나는 할 수 없다"라는 의미의 말들을 쉽게 뱉어낼 수 없을 것이다. 왜냐하면 성탄을 통해 '주님이 하시고자 하시면 모든 것이 가능하다. 주님이 원하신다면 불가능은 없다'는 사실이 분명하게 드러났기 때문이다. 주님은 처녀를 잉태하게 하실 수 있으신 전능자이시다.

그러므로 우리는 주님을 믿고 의지하는 자들답게 살아야 한다.

우리는 넘어져도 다시 일어나 주님의 영광을 드러낼 자리로 나아가야 한다.

영화 『록키』의 한 장면을 기억하는가? 록키는 자신보다 몇 배는 강한 상대에게 무자비하게 얻어맞고 쓰러졌다. 주먹 한 번 제대로 휘두를 힘조차 남아있지 않은 듯 보였다. 심판의 카운트는 이어지고, 모두가 그의 패배를 확신하는 그때, 관중석에서 터져 나오는 외침이 들린다.

"록키! 다시 일어나!"

그리고 귓가를 울리는 『Eye of the Tiger』라는 노래 선율과 함께 기적처럼 록키는 다시 일어선다. 그의 눈빛은 이미 승리를 향해 타오르고 있었고, 결국 그는 자신을 쓰러뜨린 상대를 링 바닥에 눕히는 대역전의 승리를 거두고 모두의 환호를 받는다. 만약 그가 그대로 포기하고 주저앉았다면 영화는 어떻게 되었을까? 당신이라면 그 영화를 봤을까?

성탄절은 우리에게 다시 일어나라고 교훈하는 절기다.
"대저 하나님의 모든 말씀은 능치 못하심이 없느니라"(눅 1:37)

마리아는 자신에게 말하는 천사의 소리를 들었다.
'이건 말도 안 되는 소리야', '불가능한 일이야'라는 불신의
마음이 일어날 수도 있었을 것이다.

그러나 마리아는 이렇게 고백했다.
"주의 계집종이오니 말씀대로 내게 이루어지이다"(눅 1:38)

마리아는 말씀을 믿고 순종하는 사람이었다.

기적을 언제 체험할까? 삶의 위대한 변화는 언제 일어날까?
말씀대로 믿고 순종할 때다.

때로 하나님의 말씀이 따르기 힘들어 보여도 순종하고 따를
때 기적이 임한다.
사드락과 메삭 그리고 아벳느고는 주님의 말씀을 온전히 따
라 순종했다. 그러자 기적이 일어났다. 주님의 놀라우신 역사
로 그들은 불 가운데서조차 조금도 상하지 않고 살아나올 수
있었다. 만약 그들이 주님의 말씀을 따라 순종하지 않았다면

이런 기적은 일어날 수 없었을 것이다. 그러나 말씀에 순종하자 놀라운 기적이 일어났다. 전혀 불가능했던 일이 벌어진 것이다. 일곱 배나 뜨거운 풀무불도 그들을 해칠 수는 없었다.

성탄절은 순종하는 사람에게 임하는 은혜와 복이 얼마나 놀라운가를 보여 준다.

그러므로 처녀를 잉태케 하셔서 아들을 보내주신 전능하신 하나님의 은혜를 기대하며 성탄절에 이런 기도를 드려보는 건 어떨까?

주님! 나의 삶이 어제와 오늘이 별로 달라 보이지 않습니다.
저는 자신의 삶을 변화시킬 힘도 능력도 지혜도 없습니다.
이 힘겨운 오늘의 삶이, 앞날에도 계속 이어질지 모른다는 두려움이,
마음을 짓누를 때가 많습니다.
하지만 저는 주님의 전능하심을 믿습니다.
주님은 나를 위해 오늘과 다른 내일을 능히 준비하실 수 있으십니다.
나를 도와주시옵소서.
나로 주님의 위대하심을 맛보아 알게 하여 주시옵소서.
내가 생각할 수도 없고, 상상할 수도 없고, 기대할 수도 없는
위대한 미래가 내 앞에 열리게 하여 주시옵소서.
나로 낙심하지 말게 하시옵소서.
그리고 오늘을 성실하게 살아갈 힘과 용기를 주시옵소서!!

16

인류의 희망으로 오신 예수님

내가 태어날 때, 아버지께서 소위 태몽이라는 것을 꾸셨다.

아버지는 생전에 '그 태몽이 좋았다'는 말씀을 내게 자주 하셨다. 그 말씀을 해 주신 이유가 무엇이었을까? 내가 앞으로 잘 되었으면 하는 소망이 있으셨기 때문일 것이다. 아버지에게 나는 정말 장래의 희망이었다.

자녀의 탄생은 한 가정에 커다란 희망을 가져다준다. 내가 아이들을 낳았을 때도 마찬가지였다. 아이들의 탄생은 신비하기 짝이 없는 일이었다. 아이들을 보며 나와 아내는 늘 희망을 이야기했다. 아이들은 우리 삶의 기쁨이었다.

갈등 속에 있는 부부가 아이가 태어나면서 가까워지는 경우들이 종종 있다.

부부 사이에 자주 갈등하고, 가정 안에 늘 어둠이 가득했었는데, 아이가 태어나면서 부부 사이가 좋아지고 회복되는 것이다. 한 가정에 아기가 태어난 것이 그 가정의 희망이 되는 것처럼, 이 땅에 아기로 오신 예수님은 온 인류의 희망이 되셨다. 그래서 성탄절은 너무나 기쁘고 좋은 날이다.

예수님이 인류에게 가져다주신 희망이 무엇인가?

1. 고통받는 자들에게서 흑암이 물러났다.

삶의 고통으로 절망하며 어둠의 삶을 살고 있던 사람들에게 주님의 탄생은 희망의 빛을 가져다준 사건이다. 주님을 만남으로 삶의 소망을 얻게 된 사람들의 간증을 우리는 누구에게서나 쉽게 들을 수 있다.

이철환 작가는 이명으로 인한 우울증으로 수없이 자살하고 싶은 생각에 시달렸다고 한다. 그러던 그에게 주님이 찾아와 주셨다. 그러자 그의 삶의 모든 어둠이 물러갔다. 그의 삶에 찬란한 빛이 들어와 그를 감싸주었다는 것이다.

2. 삶이 창성해지고 즐거움이 더해졌다.

보잘것없는 어부들이 예수님을 만났다.

그들은 미래가 별로 기대되지 않던 사람들이었다. 그런데 그들이 예수님을 만나자, 세계에서 가장 유명한 사람들이 되었다. 사람들은 그들을 마치 하나님을 보듯이 위대하게 생각하며 존경한다.

바울도 그중의 한 사람이다.

그는 원래 기독교를 핍박하던 사람이었다. 하지만 그도 예수님을 만났다. 그는 사람들에게 "항상 기뻐하라"고 권면하는 사람이 되었다. 무서운 고난 중에도 그는 결코 기쁨을 잃지 않는 위대한 증인이 되었다.

목회를 하면서 가끔 성도들의 얼굴을 볼 때, 과거 그분들의 모습을 생각하며 속으로 웃음을 지을 때가 있다. 삶의 무게에 짓눌려 빛을 잃었던 얼굴이, 그토록 어둠이 드리웠던 가정이 주님을 통해 회복되고 기쁨으로 가득 차는 모습을 보면, 마치 기적을 보는 것 같기 때문이다.

예수님을 만나면 정말로 삶이 창성해진다.
예수님을 만나면 삶에 즐거움이 회복된다.

인류에게 희망을 주시기 위하여 예수님이 이 땅에 오셨기 때문이다.

누구든지 삶의 모든 문제를 가지고 주님 앞에 나오기만 하면 문제 해결을 받을 수 있다.

이런 아기가 태어났으니, 이건 보통 일이 아니다.
다 놀라야 마땅하다.
다 함께 이 아기의 탄생을 축하해야 한다.

이 놀라운 희망의 소식이 당신의 삶에도 따스한 빛이 되기를 소망한다.
오늘, 당신의 마음속에 오신 예수님은 어떤 희망으로 다가오고 계시는가?

지극히 작은 한 사람을 찾아

성탄절이 가까워지면 교회에서 자주 공연하는 연극이 있다. 바로 『빈방 있습니까?』이다.

주인공 덕구는 말을 더듬고 지적 장애가 있는 소년이다. 다른 아이들은 반대하지만, 선생님은 성탄절 연극에 덕구를 참여시킨다.

덕구가 맡은 역할은 여관 주인. 요셉과 만삭의 마리아가 찾아왔을 때 "빈방 없어요"라는 한마디만 하면 되는 간단한 역할이다. 수많은 연습에도 불구하고, 성탄절 공연 당일 덕구는 예상대로 실수를 저지르고 만다.

지적 장애로 현실과 연극을 구분하지 못했던 덕구는, 방이 없다고 해야 할 그 자리에서 이렇게 외친다.

"우리 집에는… 빈방이 있어요."

연극은 엉망이 되었다. 하지만 그 한마디는 강당을 가득 채운 사람들 마음에 깊은 울림을 주었다.

세상이 외면한 한 사람

아기 예수님이 탄생하셨을 때, 그 위대하신 왕을 기꺼이 영접한 사람은 아무도 없었다. 여관 주인들은 만삭의 여인이 해산이 임박해 고통스러워하는 모습을 보면서도 방을 내주지 않았다. 당대 사람들의 매정함과 매몰참을 어찌 한탄하지 않을 수 있겠는가.

그들은 덕구처럼 "빈방 있습니다"라고 대답하며 요셉과 마리아를 맞아들였어야 했다. 자신들의 따뜻한 방이라도 내어주었어야 마땅했다. 하지만 그들은 그렇게 하지 않았다. 요셉과 마리아, 그리고 이 땅에 오신 영원한 왕 예수님을 문전박대했다.

성경은 예수님의 탄생을 이렇게 기록한다.
"지극히 높은 곳에서는 하나님께 영광이요 땅에서는 하나님이 기뻐하신 사람들 중에 평화로다 하니라"(눅 2:14)

예수님은 이 땅에 평화를 주기 위해 오셨다.

하지만 세상은 그분을 위해 방 한 칸도 내어주지 않았다.

그분의 첫 보금자리는 가장 낮은 곳, 말들이 머무는 마구간 이었다.

지극히 작은 자에게 한 것이 곧 내게 한 것이니라

예수님은 우리에게 지극히 작은 자들에게 관심을 가져야 한다고 가르쳐 주셨다.

마태복음 25장 31-40절의 말씀은 그 가르침의 핵심이다.

마지막 심판의 날, 주님은 이렇게 말씀하신다.

"내가 주릴 때에 너희가 먹을 것을 주었고, 목마를 때에 마시게 하였고, 나그네 되었을 때에 영접하였고, 헐벗었을 때에 옷을 입혔고, 병들었을 때에 돌보았고, 옥에 갇혔을 때에 와서 보았느니라… 내가 진실로 너희에게 이르노니 너희가 여기 내 형제 중에 지극히 작은 자 하나에게 한 것이 곧 내게 한 것이니라."

오늘날 교회는 웅장해지고 커졌다.

그런데 그 웅장함만큼이나 우리는 친밀함을 잊어버리고 있지는 않은가? 교회가 대중에게서 점점 멀어지고 있지는 않은가? 이럴 때일수록 우리는 더욱 작은 자들에게 관심을 기울여야 한다. 교회는 어렵고 힘든 이웃들의 따뜻한 위로자가 되어야 한다.

지극히 작은 자의 모습으로 이 땅에 오신 주님을 맞아들이지 못했던 여관 주인의 모습 속에 오늘날 우리들의 모습이 어른거리고 있지는 않은가?

성탄은 화려한 트리가 아니라, 가장 낮은 곳으로 오신 주님의 마음을 기억하는 절기이다.

우리 모두 주님처럼 섬기기를 힘쓰자.
우리 모두 주님처럼 겸손하기를 힘쓰자.
우리 모두 우리 주변의 지극히 작은 자들에게 더 많은 관심을 기울이자.

당신의 마음에, 그리고 당신의 삶에, 지극히 작은 한 사람을 위한 빈방이 남아 있기를 소망해 본다.

이방인에게 별빛으로
찾아오신 왕

　믿을 수 있겠는가? 하늘에 나타난 별 하나를 따라 수천 리 낯선 땅으로의 위험한 여정을 떠난 사람들이 있었다는 사실을 말이다.

　오직 그 별빛 하나만을 의지하여 사막을 건너고 산을 넘어 온 그들의 발걸음은 유대 땅 예루살렘의 왕궁 전체를 뒤흔들었다. 그들이 내뱉은 한마디는 헤롯왕의 불안한 심장을 정확히 꿰뚫었다.

　"유대인의 왕으로 나신 이가 어디 계시냐 우리가 동방에서 그의 별을 보고 그에게 경배하러 왔노라"(마 2:2)

유대의 왕 vs 유대인의 왕

당시 유대를 다스리던 왕은 헤롯이었다.

그는 '유대의 왕'이었지만, 이방인 동방박사들이 찾는 이는 그가 아니었다. 그들은 '유대인의 왕'을 찾았다.

이 독특한 표현은 **'다윗의 자손'**, 바로 유대인들이 그토록 오랫동안 기다려 온 메시아를 의미하는 대명사였다. 이 말을 듣자마자 헤롯왕과 예루살렘 사람들은 큰 소동에 휩싸였다.

"헤롯왕과 온 예루살렘이 듣고 소동한지라 왕이 모든 대제사장과 백성의 서기관들을 모아 그리스도가 어디서 나겠느냐 물으니"(마 2:3, 4)

가장 놀라운 역설

성경에 능통하고 율법을 꿰뚫고 있던 유대교 지도자들, 대제사장과 서기관들은 메시아가 베들레헴에서 태어날 것이라는 사실을 정확히 알고 있었다.

"유대 베들레헴이오니"(마 2:5)

그러나 그들은 한 발자국도 움직이지 않았다.

그들의 지식은 행동으로 옮겨지지 않았다.

반면, 동방박사들은 이방인이었다.

그들은 점성술, 천문학, 수학을 연구하는 바벨론이나 페르시아의 학자들이었을 것이다. 아마도 별의 움직임을 연구하며 미래를 예측하고 왕에게 조언하는 것이 그들의 직업이었으리라 짐작된다.

그들에게 별을 관찰하는 일은 매일 반복되는 직업적 일상이었을 것이다. 수많은 별들의 궤적을 분석하고 기록하며 예측하는 것이 그들의 일이었기에, 새로운 별의 등장은 그저 또 하나의 흥미로운 천문 현상으로 보일 수도 있었다.

하지만 그 별이 나타났을 때 이들에게는 하나님이 주신 특별한 깨달음이 임했다. 칼빈(Calvin)의 주장처럼, 그들의 깨달음은 단순한 점성술적 판단이 아니었다. 성령께서 그들의 마음에 '**지금 유대인의 왕이 태어나셨다. 저 별이 그 증거다. 너희는 저 별을 따라가라**'는 확신을 주신 것이다. 그리고 그들은 그 계시대로 별을 따라감으로 순종했다.

지식은 움직이지 않았으나, 믿음은 모든 것을 내려놓고 길을 떠났다.

별이 그들을 인도한 곳

헤롯의 왕궁에서 메시아를 찾지 못한 동방박사들은 다시 별빛을 따라 길을 나섰다.

그들의 발걸음을 이끌던 별은 화려한 왕궁이 아닌, 초라한 마구간 위에서 멈춰 섰다. 왕의 탄생을 알리는 별빛은 세상의 모든 권력을 비웃듯, 가장 낮고 검손한 곳에 고요히 내려앉았다.

하나님의 방식은 언제나 인간의 기대를 뛰어넘는다.
바로 그곳에서, 그들은 세상에 오신 영원하신 왕을 만날 수 있었다.

오늘 우리에게 비추는 은혜의 별

이 놀라운 일을 생각할 때마다 우리 안에 감사가 차오른다.
2000년 전, 동방박사들에게 별을 통해 메시아를 만나게 하셨던 그 하나님께서 오늘날 우리의 길도 동일하게 인도하고 계심을 알기 때문이다.

우리는 동방박사들처럼 별을 따라 긴 여정을 떠나지 않았다.
그러나 우리에게는 그보다 더 확실한 길잡이가 있다.
바로 우리 삶의 길을 비추시는 하나님의 말씀과 성령님의 인도하심이다.
오늘 당신의 삶 속에서 주님이 보여주시는 '별빛'은 무엇인가? 그 작은 이끌림을 따라 한 걸음 더 나아갈 용기가 있는가?

주 예수보다 더
귀한 것은 없네

영국 런던의 명소 중 하나인 런던 타워, 그 안에 전시된 영국 왕실의 보석들은 수많은 관광객들의 발걸음을 붙잡았다. 무려 2,800여 개의 다이아몬드가 박힌 왕관과 세계 최대의 다이아몬드 '아프리카의 별' 앞에서 사람들은 눈을 떼지 못했다.

이곳을 찾은 한 교회 성도들도 마찬가지였다.
눈앞에 펼쳐진 보석들의 화려함에 잠시 마음이 팔려, 정해진 관람 시간을 훌쩍 넘기고도 그 자리를 떠나지 못했다.

그 모습을 본 목사님은 조용히 찬양을 부르기 시작했다.
"주 예수보다 더 귀한 것은 없네.
이 세상 다이아몬드로 바꿀 수 없네."

목사님의 찬양, 한 구절에 성도들은 미소를 지으며 발걸음을 돌렸다.

그들의 마음을 사로잡았던 세상의 가장 귀한 보석들조차, 예수 그리스도의 사랑 앞에서는 아무것도 아니라는 사실을 깨달았기 때문이다.

이 이야기는 우리에게 참된 믿음의 깊이가 무엇인지 보여준다.

이들은 세상에서 가장 귀한 분이 오직 예수님이심을 아는 사람들이다.

그 어떤 명예와 성공보다 예수님이 귀하다는 확고한 믿음을 가진 사람들이다.

다이아몬드조차 그 마음을 붙잡아 둘 수 없는, 오직 주님만을 사모하고 고대하는 마음을 가진 사람들, 이들이 바로 진정한 그리스도인이다.

일상 속의 '다이아몬드'

이 이야기는 런던 타워라는 특별한 장소에서 일어난 일이지만, 우리 삶의 모든 순간에도 적용된다. 현대 사회에서 우리 마음을 사로잡는 '다이아몬드'는 무엇일까?

어쩌면 그것은 성공을 향한 끝없는 욕심일지도 모른다.

아니면 돈이나 명예를 향한 갈망, 또는 SNS 속 화려한 삶에 대한 부러움일 수도 있다.

우리는 이런 가치들을 좇느라 정작 가장 소중한 것들을 놓치고 있지는 않은가?

성탄의 주인공을 기억하며

다가오는 성탄의 절기, 세상은 온갖 화려한 장식과 축제로 들떠 있을 것이다.

그러나 우리는 이 절기의 진정한 주인공이 누구신지 결코 잊어서는 안 된다.

성탄의 주인공은 그 어떤 보석보다도 귀하신, 우리를 위해 이 땅에 오신 예수 그리스도 한 분뿐이다.

'주 예수보다 더 귀한 것은 아무것도 없다'는 믿음의 고백이 당신에게도 있는가?

세상의 화려함 속에서도 흔들리지 않는, 주님만을 향한 마음을 항상 지키길 바란다.

20

성탄 유머

크리스마스가 되면 누구나 한 번쯤 마음에 떠올리는 질문이 있다.

'어떻게 동정녀에게서 아기가 태어날 수 있었을까?'

과학적으로는 설명할 수 없는 이 신비로운 탄생 이야기는 믿음의 영역에 속한다.

그런데 코미디언 구봉서 장로가 이 질문에 대해 기가 막힌 유머로 답한 적이 있다.

그가 성경공부에 참석하고 있었는데, 함께 한 후배 교인 한 사람이 가르치시는 목사님께 "어떻게 예수님이 동정녀에게서 탄생하셨다는 사실을 믿을 수 있습니까?"라고 자꾸 질문을 했다고 한다. 그 질문 때문에 성경공부가 제대로 진행되지 못하고 오래 지체되었다고 한다. 그러자 참다참다 못한 구봉서 장로가 이렇게 말했더니 더 이상 질문이 없었다고 한다.

"아니, 지 남편도 믿는다는데, 왜 니가 못 믿는다고 난리냐?"

때때로 신앙의 신비는 복잡한 논리보다 단순하고 명쾌한 믿음에서 마음에 더 깊이 다가오는 법이다. 성탄절의 기적은 믿는 자의 마음속에서부터 시작된다.

성탄 성시

그가 오심은

태초의 어둠 갈라 새벽 별 솟아나듯,
그가 오심으로 어둠의 땅에 빛이 임했네.
칠흑 같은 장막 걷히고 새 아침 열리니,
절망의 깊은 계곡에 희망의 샘물 솟아나고.

메마른 가슴 밭에 생명수 흘러내려
기쁨의 꽃 활짝 피어나네.
구유에 누인 왕 나시니, 들판의 양 떼 지키던
비천한 이들을 새 시대의 증인 삼으셨네.

오, 그가 오심으로 영원의 문 활짝 열려
참 생명 꿈꾸고,
메마른 영혼마다 천국을 소유케 되었네.
죽음의 그늘도 부활의 빛 앞에 물러가니.

이제 우리는 온 맘 다해 외치네.
우리 왕이 탄생하셨다,
우리 구원자가 마침내 오셨다!
영원한 소망, 이 땅에 강림하셨다!

임마누엘, 하나님이 우리와 함께 계시니
어둠에서도 빛을 보고
고난 중에도 평안을 누리며
영원의 그날까지 소망 중에 나아가세.

평범한 사람들에게
전해진 가장 복된 소식

평범한 들판, 별빛 아래 잠든 곳,
목자들의 거친 손끝에 스민 땀의 자리.
그곳에 하늘의 숨결이 내려앉았다.
가장 복된 소식, 예수 탄생,

궁궐의 빛이 아닌,
흙 내음 나는 삶의 디전에서 피이났디.

천사의 노래가 어둠을 가르고,
별 하나가 아닌 하늘 전체가 빛을 뿌렸다.
숨을 멈추고 엎드린 목자들
평소와 다름없던 들판의 밤,
하늘의 문이 열리며 신비가 흘러넘쳤다.
"두려워 말라, 기쁜 소식을 전하노라."
그 음성은 바람처럼 부드럽고,
불꽃처럼 따뜻했다.
고단한 삶의 틈새로 스며든 그 빛,
평범한 이들의 가슴을 경외로 물들었다.

광야의 한 조각,
고독이 깃든 야곱의 돌베개 위에서,
하늘로 오르는 사다리가 꿈결처럼 펼쳐졌다.
천사들의 발걸음이 별빛을 밟으며 춤출 때
그는 속삭였다,
"이곳이 바로 하나님의 집이다."

모세의 발밑,
떨기나무 불꽃이 타오르던 그 자리,

거친 광야가 거룩한 숨결로 채워졌다.
"네가 선 땅은 성스러운 곳,"
모래알 속에서 들려진 하나님의 음성

평범한 이들의 하루하루,
직장, 가정, 학교,
땀과 웃음이 엉킨 그곳에서,
어느 날 문득,
하늘의 속삭임이 찾아오리라.
고단한 삶의 한 귀퉁이가
기적의 문으로 바뀌리라.

목자들의 들판에 임했던 그 변화,
우리 곁에도 스며들기를.
평범한 순간이,
가장 깊은 기쁨의 씨앗으로 피어나기를.
성실히 걸어가는 그 자리에,
하늘의 빛이,
은은히, 드높이 비추기를.

그가 오신 이유

주님은 오셨네,
무거운 짐 진 발걸음 함께 걷고
지친 손 맞잡아 주시려.

가난에 갇힌 자들 곁에 서서
부드럽게 눈물 닦아주시고
포근히 위로하시려.

세상에 버려진 죄인들과 함께하며
꺾인 영혼 일으켜
새 소망 심어주시려.

질병에 신음하는 아픈 이들
온유한 손길로
어루만져 고쳐주시려.

율법의 쇠사슬에 묶여 자유 잃은
백성들의 낡은 족쇄
영원히 풀어주시려.

애통하는 이들, 참된 위로 받고

소외된 영혼들, 진실한 친구를 만나 기뻐하며
두려움에 잡힌 자들, 용기 갖고 일어서기를.

사망에 묶였던 영혼들이
부활의 소망으로 우뚝 서고
절망을 떨쳐내기를.

복음의 밝은 빛으로 다시 일어나서
참 기쁨과 행복 안고
새 노래 부르기를,

주님은 그토록 간절히 원하셨네.
우리를 사랑하사
이 땅에 오셨네.

알파와 오메가, 영원의 위로

처음과 나중, 주님의 이름 앞에
두려움은 물러가고, 희망이 피어나네.

초대 교회 성도들,
칼날 앞에서도 신앙의 등불 밝혔네.

황제의 외침, "내가 주(主)라!"
허나 그들은 일었네—
만물의 주인은 오직 주님,
세상은 그분의 뜻 앞에 굽히리라.

알파와 오메가,
영원의 빛으로 우리를 감싸시네.
로마의 성벽은 무너졌고,
제국은 그리스도 앞에 무릎 꿇었네.

지친 삶, 고통의 무게에
존재가 흔들렸는가?
주님의 부드러운 손길, 이제 그대에게 닿으리.

"두려워 말라, 내가 처음이요 마지막,
사망의 열쇠 쥔 이, 영원히 살아 있노라."

나는 네 수고와 인내를 아노라.
네가 행한 모든 선한 일도 아노라.
나는 네 당한 환난과 궁핍을 아노라.
기억하라, 너는 가난한 자 아니요 부요한 자임을.

나는 네 순교까지 믿음을 지킨 것을 아노라.

끝까지 견디며 믿음을 지켜라.

네 믿음이 처음보다 더 성숙해진 것을 아노라.

나는 너의 변절도 아노라, 속히 회개하라.

작은 능력으로도 내 말 지킨 너,

시험의 폭풍 속에서 내가 너를 지키리라.

뜨뜻미지근한 믿음 버리고,

스스로 부요하다 말하지 말라.

오직 나를 의지하라,

내 안에서 참된 평안 찾으리니.

알파와 오메가,

깊은 고통 속에서도 우릴 이끄시네.

들풀에 옷 입히시고,

공중 새도 먹이시는 그분,

속삭이네, "내일 염려 말라."

하루의 고난, 하루로 족하니.

예수, 우리 삶의 시작과 끝,

그분께 모든 짐 기꺼이 맡기고,

매일 그 안에서 숨 쉬듯 살아갈 때,

평안의 길은 우리 발아래 펼쳐지리라.

이것이, 그분을 믿는 우리 삶의

가장 참된 표징이리라.

멈춰 선 믿음 앞에서

믿는다 고백하면서도 마음속 깊이,
보호의 성벽 무너지고,
영혼의 방패는 어디로 흩어졌나.

믿음이라 불렀던 내 모습
직장의 비웃음 앞에 말문 막히고,
세상의 눈길에 고개 숙이네.

그리 믿는다면서도
삶엔 여전히 변화의 꽃 피지 않고,
어둠 속에서 빛을 잃었으니.

분명 믿는다 하건만
세상의 삭풍에 숨죽이며,
뿌리 깊은 믿음이 비틀리네.

주님을 믿는다 하면서도
작은 말 한마디에도 복음의 불씨,

손에 쥔 채 꺼져가네.

그저 믿는다면서도
하나님 말씀, 낯설기만 하고,
순종의 걸음, 더디기만 하네.

그러나 한 줄기 빛,
말씀 속에서 떨리는 마음에
희망이 스미네.

오, 부서진 믿음의 잔해여.
진정 주님을 만났는가.
내 삶의 주인은 누구인가.

다시 묻네,
내 믿음은 어디에.

마귀를 멸하러 오신 주

마귀의 일을 멸하러,
말구유에 아기로 오신 주님,
죄와 증오, 분열의 가시 뽑으러,

우리 곁에 내려오셨다.

마귀의 속삭임에 흔들린 아담과 하와,
금단의 열매 손에 쥔 채 떨었고,
질투에 눈멀어 동생의 피 흘린 가인,
은 삼십에 주님을 배반한 유다,
온 세상에 깊이 박힌 죄와 미움의 사슬

형제를 사랑 않는 자는
하나님의 품에 설 수 없으니,
그 모든 죄와 미움 씻어내려
주님은 한 알의 밀알로 오셨네.
땅에 떨어져 죽음으로,
생명의 새싹을 틔우려.

'서로 사랑하라' 그의 음성,
십자가 위에서 피 흘려 보여주신
그 귀한 사랑으로 세상 비추시니,
어둠은 물러가고, 우리를 자유케 하셨다.

주님 오신 이유, 그 깊은 뜻 기억하며,
차가운 세상 속 형제 사랑 되살아나,
말과 혀 아닌, 행함과 진실로

서로의 삶을 온전히 감쌀 때,

마귀의 어둠은 연기처럼 스러지고,
주님의 빛으로 새 하늘 문 열리리.
그 사랑 안에, 영원한 나라 펼쳐지리라.

우리와 **함께하시는 주**

베들레헴의 밤, 별 하나가 속삭였다.
구유의 짚 위, 바람이 숨 쉬는 곳,
당신은 아기의 모습으로 찾아오셨다.
멀리 빛나는 왕좌 아닌,
가난한 이들의 등불로 오셨다.

그 이름은 하늘의 영광을 담고,
그 손길은 어둠 속 따뜻한 벗의 포옹
외로운 길 위의 나그네에게,
함께 걷는 발자국으로 스며드는 빛,
우리 가슴에 소망의 씨앗으로 심겨졌다.

천사의 노래가 메아리치던 그 밤,
목자들의 거친 손에 희망이 깃들었다.

별빛은 길을 비추고,

그들의 발걸음은 기쁨으로 춤췄다.

하나님은 멀리 계신 왕이 아니라,

우리와 늘 함께 숨 쉬는 벗이 되셨다.

오늘, 우리의 일상에서도,

시장의 소음, 책상 위의 서류,

아이의 웃음이 울리는 집 안에서도,

그의 숨결이 은은히 흐른다.

가난한 마음, 갈급한 영혼에,

그는 가까이 빛으로 찾아오신다.

베들레헴의 그 밤은 끝나지 않았다.

우리 삶의 모든 순간,

함께 하시는 주

작은 기적의 씨앗을 우리 안에 뿌리신다.

임마누엘의 은혜는

우리의 하루를 영원히 감싸고 흐른다.

영원한 감사, 우리 주께!!!

낮고 천한 자들 손수 찾아주신
그 한없는 사랑, 감사하며 노래하세
우리의 죄 짊어지고 이 땅에 오시니
눈물 닦고 우리 주님 기꺼이 환영하세
사망의 권세 깨뜨리려 주 오셨으니
승리의 함성, 감격 속에 찬미하세
우리를 자녀 삼으려 찾아오신
그 귀한 사랑, 감사로 받아들이세

천국 삶 선물로 주려 오셨으니
영원한 소망, 기쁨으로 참여하세
묶인 속박 풀어내고 자유 주려 오신
참된 해방을 마음껏 누리세
수천 년 세월, 약속 마침내 이루시니
엎드려 깊이, 감사의 경배 올려드리세
우리와 같은 사람 되어 아픔까지 체휼하신
주님께 눈 들어 감사로 기도하세

영원하신 사랑으로 우리를 사랑해 주신
지극히 좋으신 주님께
무한 감사 영원히 드리세

당신의 흙수저 삶을
공감하시는 예수님

사람들은 자신의 집안이 얼마나 대단한 명문가인지에 대해 자랑하기를 좋아한다.

명문가 출신은 주변으로부터 부러움과 찬사를 받기 마련이다. 그러나 우리 주님은 사람들이 기대하는 바와는 아주 다른 모습으로 우리에게 다가오셨다.

로마 황제 아우구스투스의 명령으로 유대인들은 모두 호적을 위해 고향으로 돌아가야 했다. 바로 그 혼란스러운 시기, 만왕의 왕이신 예수님이 가장 낮은 모습으로 이 땅에 오셨다.

예수님은 로마의 지배를 받던 유대인 중의 한 사람으로 탄생하셨다. 더군다나 예수님의 육신의 아버지인 요셉도 평범한 신분에 속하던 목수였다. 요셉은 경제적으로 넉넉하지 못했다.

그들의 가난으로 인해 예수님은 비좁고 냄새나는 마구간의 말구유를 첫 요람 삼으셨으니, 이는 육신을 입고 세상에서 마주한 가장 낮은 시작이었다.

예수님이 이처럼 낮은 곳에서 태어나셨다는 사실은 우리에게 중요한 사실을 교훈한다.

예수님은 가장 낮고 천한 자의 삶을 온전히 공감하신다는 것이다.

박노해 시인이 쓴 시 『그 사람도 그랬습니다』의 일부이다.

집 없이 추운 이여
그 사람도 집이 없었습니다.

노동에 지친 이여
그 사람도 괴로운 노동자였습니다.

(중략)

그 사람도 그러했듯이
당신도 그러할 것입니다.
이 지상의 작고 힘없는 사람 중의 하나인
당신 속에 그가 살아 계시기 때문입니다.

박노해 시인의 이 글처럼, 예수님은 이 땅의 모든 낮은 이들의 삶을 온전히 이해하는 분이셨다. 예수님은 가장 낮은 곳에 오셔서 집 없어 추운 이, 노동에 지친 이, 인정받지 못한 이, 배신에 떠는 이, 쓰러져 우는 이들의 마음을 가장 잘 아시는 분이 되셨다. 탄생에서 죽음의 순간에 이르시기까지, 예수님은 고통받는 이들과 함께하셨다.

"주님은 제 마음을 이해하시죠?"
혹시 주님께 이런 질문을 해 본 적이 있는가?

그 질문에 주님은 이렇게 응답하실 것이다.
"그래, 나는 너의 마음을 너무나도 잘 이해한다!"

이처럼 예수님의 삶은 우리에게 깊은 위로가 된다.

혹시 사회생활 중 흙수저라는 이유로 자존감이 바닥을 치고, 학벌이나 가문 때문에 무시당하며, 홀로 앉아 울었던 적은 없는가?
"아무도 내 마음을 모를거야…"

하지만 예수님은 이런 당신의 마음을 가장 잘 아신다.
예수님도 당신처럼 세상에서 배척당해 보셨기 때문이다.
사람들은 "이 자는 우리 마을 목수인 요셉의 아들이 아닌가?

우리가 어려서부터 아는 자인데…"라며 그분을 무시했었다.

예수님의 흙수저 이력을 한 번 살펴보자.

● **주거: 머리 둘 곳 없음(눅 9:58)**

머리 둘 곳조차 없으셨던 예수님은 치솟는 집값과 전세난, 불안정한 주거 문제로 힘들어하는 이 시대 수많은 청년과 가장들의 마음을 너무나 잘 아신다.

● **가족관계: 친형제들도 믿지 않음(요 7:5)**

심지어 친형제들조차 그분을 믿지 않았다.
가족에게 이해받지 못하고 외로움을 느끼는 당신의 마음….
그분은 이미 다 겪어보셨다.

● **사회적 지위: 평범한 목수(막 6:3)**

세상의 기준으로는 그저 목수에 불과했던 예수님은 학벌이나 직업으로 평가받는 현실 속에서, 자신의 존재가치에 대해 고민하는 이들의 아픔을 온전히 아신다.

● **교육 배경: 정규 교육 없음(요 7:15)**

예수님도 정규 교육 기관에서 가르침을 받은 적이 없으셨다. "어디서 배웠나?"는 질문에 기죽는 이들처럼, 그분 역시 세상의 편견과 무시를 겪어내야 하셨다.

● **인맥: 세리, 창녀, 병자들과 어울림**

세상 사람들이 손가락질하고 멀리하던 세리, 창녀, 병자들과 어울리셨다. 그러므로 남들과 다른 길을 걷거나, 소외된 이들과 함께하며 비난받는 이들의 외로움을 그분은 누구보다 잘 공감하신다.

● **최종 결과: 십자가형(정치범으로 처형)**

결국 정치범으로 몰려 십자가형이라는 가장 비참한 죽음을 맞이하셨다. 세상의 불의와 부당함에 꺾여 좌절하는 당신의 아픔을 그분은 이미 가장 극심한 형태로 겪어보셨다.

세상의 기준으로 보면 예수님은 완전한 '흙수저'셨다.

하지만 바로 그 낮아짐이 인류 최고의 반전 승리를 이루었다.

직장에서 왕따 당하고 있는가?

그 사람도 동료들로부터 비웃음을 당하셨다.

"바알세불의 힘을 빌어 귀신을 쫓아낸다"라며 종교 지도자들은 그분을 모함했었다.

사업에 실패했는가?

그 사람도 3년간 혼신의 힘을 다해 키운 **제자들**이 그의 마지막 순간, 모두 도망쳤다.

가족에게 상처받은 일이 있었는가?

그 사람도 가족들이 "그가 미쳤다"는 소문을 듣고 잡으러 오는 아픔을 당하셨다.

건강이 안 좋아 고통스러운가?

그 사람도 십자가에서 극심한 고통으로 "엘리 엘리 라마 사박다니(나의 하나님, 왜 나를 버리셨나이까?)"라고 절규할 만큼 힘든 일들을 경험하셨다.

예수님은 완전한 공감자가 되신다.

예수님이 이 모든 낮아짐을 경험하신 이유는 단 하나다.
당신을 완벽하게 이해하시기 위해서다.

수술을 받을 때, 같은 병으로 같은 수술을 직접 경험한 의사에게 더 큰 신뢰가 가지 않던가?

예수님은 바로 그런 분이시다. 인생의 모든 아픔과 실패를 직접 겪으신, 당신의 가장 깊은 곳까지 이해하는 '인생 전문의'시다.

그러니 지금 당신이 겪는 어떤 고통도 그분에게는 낯선 것이 아니다. 그분은 당신의 마음을 가장 완벽하게 이해하고 계신다.

섬기러 오신 예수님: 역전의 리더십

주님은 이렇게 말씀하셨다.

"이방인의 집권자들이 그들을 임의로 주관하고 그 고관들이 그들에게 권세를 부리는 줄을 너희가 알거니와"(마 20:25)

세상에서는 권력을 좇아 위로 올라갈수록 섬겨야 할 사람이 줄어든다. 결국 최고의 자리에 서면 모든 이에게 섬김을 받게 된다. 사람들은 이런 자리를 '성공'이라 여기며 선호한다.

안타깝게도 이런 생각은 예수님의 제자들 가운데도 있었다. 세베대의 아들 야고보와 요한의 어머니는 예수님을 찾아와 두 아들을 주의 나라에서 좌우정승으로 삼아달라고 청탁했다.

이 이야기를 들은 다른 제자들은 분노했다. 그들 역시 누가 더 높은 자리를 차지할지 경쟁하고 있었기 때문이다. 주님 나라의 질서를 얼마나 잘못 이해하고 있었는지 놀라울 따름이다.

1. 세상과 다른 하나님 나라의 리더십

그렇다면 주님의 나라, 즉 교회의 지도자는 누가 되어야 할까?

예수님의 대답은 제자들의 예상을 완전히 뒤엎는 것이었다. **"크고자 하면 섬기는 자가 되라. 으뜸이 되고자 하면 종이 되라."**

세상의 구조가 위로 올라갈수록 섬기는 사람이 줄어드는 **피라미드 형태**라면, 주님 나라의 구조는 지도자가 될수록 더 낮은 곳으로 내려가야 하는 **역 피라미드 형태**다.

예수님은 이 세상 그 누구보다 가장 낮은 자리에서 섬겼다.

역 피라미드의 맨 아래, 가장 낮은 곳에 예수님이 계신다. 그리고 바로 그 가장 낮은 자리가 왕이신 예수님께 가장 가까운 자리라는 사실을 잊어서는 안 된다.

2. 예수님이 보여주신 참된 섬김

그렇다면 섬기는 삶이란 단순히 자신의 의지를 버리고 남의 뜻만 따르는 "네, 네" 하는 자세일까? 절대 그렇지 않다. 섬김의 참된 모델은 바로 예수님이다.

빌립보서 2장 5-8절은 예수님의 섬김이 무엇을 의미하는지 분명히 보여준다.
"너희 안에 이 마음을 품으라.
곧 그리스도 예수의 마음이니 그는 근본 하나님의 본체시나
하나님과 동등 됨을 취할 것으로 여기지 아니하시고
오히려 자기를 비어 종의 형체를 가져 사람들과 같이 되었고
사람의 모양으로 나타나 자기를 낮추시고
죽기까지 복종하셨으니 곧 십자가에 죽으심이라."

예수님의 섬김은 두 가지를 목표로 했다.

첫째, 사랑과 희생을 통한 도움

만왕의 왕이신 예수님은 피조물에 불과한 우리를 사랑하여 구원하기 위해 인간의 모습으로 왔고, 심지어 목숨까지 주었다. 자신의 피조물인 제자들의 발을 직접 씻기며 철저한 겸손을 보여주었다. 이는 단순히 종처럼 복종하는 것이 아니라, 사랑과 겸손, 희생을 통해 타인을 돕는 것이다.

둘째, 하나님의 뜻 성취

섬김 자체를 위한 섬김이 아니라, 죄인 된 인생들을 구원하려는 하나님의 뜻을 이루기 위한 섬김이었다. 예수님은 자신의 의지를 버린 것이 아니라, 사랑과 희생의 자세로 하나님의 뜻을 완성했다.

3. 섬김이 어려운 이유와 그 힘

섬기는 일은 결코 쉽지 않다. 왜 그럴까?

첫째, 섬김은 인간의 본성에 반하는 일이기 때문이다.

사람은 본능적으로 다른 사람 위에 군림하고 싶어 한다. 좋은 대학에 가고 성공하기 위해 몸부림치는 것도 결국 대우받고 싶은 마음 때문이다. 섬기는 삶은 바로 이러한 인간의 본성을 거스르는 일이라 어렵다.

둘째, 일이 더디고 쳐지게 보이기 때문이다.

정상에 올라 권력을 휘두르는 것이 일을 빠르게 처리하는 것처럼 보인다. 하지만 낮은 자리에서 다른 이들을 섬기며 영향력을 행사하기 위해서는 오랜 인내와 시간이 필요하다. 주님은 자신의 목숨을 주었고 오늘까지 오래 참으며 하나님의 뜻을 이루어 가고 있다. 이런 긴 과정은 때때로 우리를 지치게 만든다.

4. 섬기는 자가 되어야 할 이유

그럼에도 우리는 왜 섬기는 자가 되어야 할까?

첫째, 주님의 명령이기 때문이다.
우리가 섬겨야 할 가장 중요한 이유는 이것이 바로 주님의 명령이기 때문이다. 주님의 백성이라면 마땅히 그분의 명령에 순종해야 한다.

둘째, 참된 사랑의 사회가 이루어지기 때문이다.
우리 사회에는 주장을 펴는 리더는 많지만, 진정으로 섬기는 리더는 부족하다. 강압적인 리더십은 일을 효율적으로 처리하는 것처럼 보이지만, 사회를 통합하고 치유하는 데는 오히려 상처를 남긴다. 사상적, 지역적으로 분열된 우리 사회를 하나로 모으는 힘은 바로 섬김의 리더십에서 나온다. 비록 시간이 더 걸릴지라도, 겸손하게 지속적으로 통합을 위해 노력하는 섬김이야말로 온 백성을 하나로 만들 수 있는 유일한 길이다.

셋째, 참된 영향력을 가진 지도자가 되기 때문이다.
주님은 섬기는 자가 되라고 했지만, 이것이 낮은 자리에 머물라는 의미는 아니다. 오히려 섬기는 자가 주님의 나라에서 진정한 지도자가 되고, 크게 되며, 으뜸이 될 것이라는 놀라운 반전의 약속이다. 이것이 바로 삶의 역전이다. 섬겼더니 도리어 높여주고, 낮은 자리에 섰더니 도리어 위대하게 만들어주는 것이다.

미국의 초대 대통령 워싱턴(George Washington)은 왕이 되라는 제안을 거절하고 낮은 자세로 국민을 섬겨 오늘날 '국부'로 추앙받는다. 이것이 바로 인생의 역전이다.

우리가 섬기는 자가 되기를 힘쓸 때, 세상을 더 살기 좋은 곳으로 바꾸며, 주님께 높임을 받게 될 것이다. 그리고 우리는 주님을 더욱 닮아가는 존재가 될 것이다.

알파와 오메가 되시는 예수님

우리는 일상에서 알파와 오메가라는 말을 심심찮게 듣곤 한다.

"경제가 국가 미래의 알파와 오메가다" 혹은 "비만의 알파와 오메가는 덜 먹고 많이 움직이는 것이다"처럼, 이 표현은 어떤 일의 시작과 끝, 전부이자 핵심을 의미하며 광범위하게 사용된다.

그러나 이 강력한 표현의 진정한 기원은 어디일까?

바로 성경이다. 성경은 하나님을 또한 예수님을 알파와 오메가로 소개한다.

예수님은 당신 자신을 "나는 알파와 오메가요 처음과 마지막이요 시작과 마침이라"(계 22:13)고 소개하셨다.

알파와 오메가는 그리스어 문자의 첫 글자와 마지막 글자다.

예수님이 이 용어를 사용하신 것은, 그분 자신이 말씀해 주신 것처럼 "처음과 마지막이요 시작과 마침이 되신다"는 심오한 의미를 담고 있다. 그렇다면 예수님은 이 용어를 통해 우리에게 어떤 위대한 진리를 교훈하고자 하셨을까?

1. 그가 곧 하나님이시다.

예수님이 자신을 알파와 오메가, 즉 시작과 마지막이라고 말씀하신 것은 그분이 곧 하나님이시라는 선포다. 이사야 44장 6절에는 "이스라엘의 왕인 여호와, 이스라엘의 구원자인 만군의 여호와가 이같이 말하노라 나는 처음이요 나는 마지막이라 나 외에 다른 신이 없느니라"는 말씀이 나온다. 이 구절을 통해 우리는 예수님이 자신을 구약의 여호와 하나님과 동일시하고 계심을 깨닫게 되며, 이는 우리를 경외감으로 전율케 한다.

요한이 계시록을 기록하던 당시, 로마는 도미티안 황제의 폭정 아래 있었다.

그는 황제 자신을 '주(Lord)'라고 고백하게 했고, "가이사가 주님이시다"라는 고백을 강요했다. 그러나 그리스도인들은 오직 예수님만이 유일한 주님이심을 믿었기에 이 요구에 불순종했고, 이로 인해 심한 탄압을 당했다.

주님은 로마 제국의 탄압으로 고통받던 신앙인들에게 요한을 통해 다시 한번 분명하게 자신이 누구신지 알려주셨다.

"나는 알파와 오메가요 처음과 마지막이요 시작과 마침이라."

이 말씀은 고난받는 성도들에게 "내가 너희 하나님이요, 유일한 주다"라는 강력한 위로와 확신을 주었다. 박해 속에서도 흔들리지 않는 믿음의 근거가 된 것이다.

2. 그가 역사의 시작과 끝을 주관하신다.

예수님이 알파와 오메가라고 선포하신 것은 그분이 역사를 시작하신 분이며, 그 역사를 마무리하실 분이라는 웅장한 선포이기도 하다.

로마서 11장 36절은 "만물이 주에게서 나오고 주로 말미암고 주에게로 돌아감이라 그에게 영광이 세세에 있을지어다"라고 고백한다. 이 말씀처럼 모든 만물의 시작과 끝이 하나님의 손안에 있다.

그런데 예수님이 자신을 알파요 오메가라고 하시니, 이는 곧 예수님이 이 세상 역사의 시작과 끝을 친히 주관하시는 분이라는 의미다. 그 누가 감히 이처럼 위대한 선언을 할 수 있겠는가? 오직 우리 주님만이 이렇게 말씀하실 수 있으시다는 사실을 기억해야 한다.

그분은 이 세상을 창조하셨고, 마지막 날에는 이 세상을 심판하시고 우리를 새 예루살렘의 영원한 삶으로 인도하실 분이시다. 오늘날 우리가 사는 세상을 이끌어가는 것은 중국의 시진핑도, 미국의 대통령들도 아니다. 이 땅의 어떤 군주도 자기 마음대로 역사를 움직이지 못한다. 역사는 그들의 생각대로 흘러가지 않는다. 오직 우리 주님께서 역사의 처음과 끝을 원하시는 대로 운행하신다. 우리는 이 진리 안에서 참된 평안과 소망을 얻는다.

3. 그가 일을 시작하시고 또 마무리하신다.

예수님이 알파와 오메가가 되신다는 것은 또한 다음과 같은 뜻도 있다.

● **첫째,** 예수님은 당신의 백성을 구원하시겠다고 약속하실 뿐 아니라, 그 약속을 반드시 이루시는 분이시다. 즉, 언약을 맺으실 뿐만 아니라 그 언약을 성취하시는 신실하신 분이라는 말씀이다. 그분의 약속은 결코 헛되지 않다.

● **둘째,** 그분은 한번 택하신 자를 영원의 나라에 이르기까지

보호하시고 인도하시는 분이시다. 우리의 구원이 그분의 손안에서 시작되있을 뿐 아니라, 완성될 때까지 책임지시는 분이라는 뜻이다. 우리의 삶 속에서 시작하신 선한 일을 끝까지 이루실 것이라는 확신을 우리에게 준다.

예레미야 선지자는 하나님을 이렇게 묘사했다.

"일을 행하시는 여호와 그것을 만들며 성취하시는 여호와 그 이름을 여호와라 하는 이가 이와같이 이르시도다"(렘 33:2)

예수 그리스도는 바로 그런 주님이시다. 그분은 계획하시고, 시작하시고, 마침내 완성하시는 완전하신 하나님이시다.

그러므로 우리는 우리의 입술을 열 때마다 그분을 찬양해야 마땅하다.

우리 삶의 시작과 끝, 그리고 그 모든 과정을 주관하시는 알파와 오메가 되시는 예수님을 향한 찬양이 당신의 입술에 가득한가?

주님을 만난 사람

　'절대 고독의 시인'으로 불린 김현승 시인은 목사의 아들로 태어났지만, 50대에 접어들면서 신앙을 떠났던 그에게 인생의 마지막 전환점이 찾아왔다. 그것은 예상치 못한 질병이었다.

　그는 거의 평생을 기독교 시인으로 삶을 살았다. 그의 작품 속에는 대부분 기독교적 정서가 스며있었다. 1956년에 발표한 『주님의 핏자국에선』에서 그는 이렇게 고백한다.

　　당신의 핏자국에선

　　꽃이 피어 – 사랑이 피어

　　땅 끝에서 땅 끝에서

　　당신의 못자국은

　　우리에게 열매 맺게 합니다.

이 시에서 김현승은 그리스도의 십자가를 '사랑의 꽃'으로, 고난의 못자국을 '삶의 '열매'로 노래했다. 특히 '딩신은 지금 유태인의 옛 수의를 벗고 모든 4월의 관에서 나오십니다'라는 구절은 부활의 생명력이 시간과 공간을 초월해 현재에도 역사하고 있음을 고백하는 놀라운 통찰이었다.

이런 신앙적인 시를 쓰던 그에게 50대가 되면서 무조건 부모에게서 전습한 신앙에 대한 회의가 일어났다. 그래서 그는 점점 기독교에 부정적인 생각을 가지게 되었다고 한다. 이 시기에 그의 관심은 천국에서 지상으로, 하나님에게서 인간으로 옮겨졌고, 그의 내면의 갈등은 점점 심화되었다고 한다.

후에 그는 이 시기를 "인간 중심의 문학을 하면서 썩어빠질 그 문학 때문에 하마터면 영원한 생명의 믿음을 저버릴 뻔했다"라고 회고했다.

그래서일까? 이 시기에 쓴 그의 시들은 신앙을 잃은 고독, 인간적 고뇌와 불안, 존재의 문제 등을 주로 다루고 있다.

생사의 기로에서 만난 하나님

김현승에게 결정적 전환점이 온 것은 1970년대였다.

차남의 결혼식을 마치고 돌아온 직후, 그는 갑작스럽게 쓰러졌다. 고혈압으로 인한 뇌출혈이었다. 병원에서 생사를 오가며, 사경을 헤매는 동안, 그는 자신의 삶을 깊이 돌아보게 되었다.

죽음 앞에서 그가 깨달은 것은 인간의 철저한 유한성이었다. 문학도, 명성도, 그 어떤 인간적 성취도 죽음의 공포 앞에서는 아무런 위안이 되지 못했다. 정작 죽음 앞에서는 그 모든 것이 무력했다.

바로 거기서 그는 평생 외면해 왔던 하나님을 다시 마주하게 되었다.

그리고 이렇게 고백했다.

"하나님께서 나를 쓰러뜨리셨을 때 나를 데려가실 수도 있었다.

그러나 그렇게 되었으면 나는 영원히 내가 지은 죄를 뉘우치고 자복하여

사죄함을 받을 최후의 기회를 잃어버리고 말았을 것이다."

이것은 단순한 종교적 감상이 아니었다.

죽음의 문턱에서 경험한 절대적 실존의 깨달음이었다. 그는 자신이 그동안 의지해왔던 모든 것들이 결국 썩어질 것들임을 절감했고, 영원한 것에 대한 갈망이 그의 마음을 사로잡았다.

새로운 삶의 시작

이 경험을 통해 김현승의 삶은 완전히 달라졌다. 그는 더 이상 인간 중심의 사고에 매몰되지 않았다. 대신 하나님을 삶의 중심에 두고, 그분만을 의지하며 충성하는 사람이 되었다. 그는 이때부터 '절대고독'이 아닌 '절대신앙'을 노래하기 시작했다.

그의 변화는 단순히 종교적 회심에 그치지 않았다. 그것은 존재론적 전환이었다. 그는 "죽은 자와 같았던 과거에서 영원한 생명으로 충만한 삶으로 변화했다"라고 고백했다. 이제 그에게 문학은 더 이상 인간을 찬양하는 도구가 아니라, 하나님의 영광을 드러내는 수단이 되었다.

우리에게 주는 메시지

김현승 시인의 회심 이야기는 여러 가지 중요한 메시지를 담고 있다.

● **첫째**, 하나님은 우리가 그분을 외면할 때도 포기하지 않으신다는 것이다. 우리가 하나님을 잊을 수 있어도, 하나님은 우리를 잊지 않으신다.

● 둘째, 위기가 때로는 가장 큰 기회가 될 수 있다는 것이다. 김현승에게 뇌출혈은 생명을 위협하는 재앙이었지만, 동시에 영원한 생명을 얻게 하는 은혜의 통로가 되었다. 우리 인생의 어려움도 하나님을 만나는 소중한 기회가 될 수 있다.

● 셋째, 진정한 만남은 삶 전체를 변화시킨다는 것이다. 김현승의 회심은 단순한 종교적 경험이 아니라 그의 세계관과 가치관, 그리고 삶의 목적을 완전히 바꾼 전인격적 변화였다.

당신은 어떤가?

김현승처럼 극적인 위기를 통해서만 하나님을 만날 수 있는 것은 아니다.

하나님은 일상의 평범한 순간에도 우리를 찾아오신다. 중요한 것은 그 음성에 귀를 기울이는 것이다.

혹시 당신의 삶에도 설명할 수 없는 영적 갈망이 있지는 않은가?

세상의 그 어떤 것으로도 채워지지 않는 공허함이 있지는 않은가? 그것이 바로 하나님이 당신을 부르시는 신호일지 모른다.

당신도 그 부름에 응답할 준비가 되어 있는가?

26

생명을 풍성히 누리려면

"내가 온 것은 양으로 생명을 얻고 더 풍성히 얻게 하려 함이라"(요 10:10)

예수님은 우리에게 생명을 주시기 위해 이 땅에 오셨다. 그러나 그분의 목적은 단순히 생명을 주는 데 그치지 않고, 우리가 그 생명을 충만히 누리도록 하시는 것이다. 여기서 '풍성한 생명'은 단순한 물질적 성공이나 세속적 자유가 아니라, 하나님 안에서 충만한 영적 삶을 의미한다. 그렇다면 이 풍성한 생명은 무엇이며, 어떻게 누릴 수 있을까?

1. 생명을 풍성하게 누린다는 뜻

① 그것은 자라남을 의미한다.

생명은 자라야 한다. 몇 년 전에 우리 집안에 경사가 났다. 손녀가 태어난 것이다. 아이가 건강하고 탄탄하게 생겼다. 아이가 얼마나 예쁜지 모른다. 그런데 이 아이가 건강하다고 해서 그것만으로 아이가 생명을 풍성하게 누린다고 할 수는 없다.

아이를 땅에 내려놓으면 아이는 지금 아무 일도 할 수 없다. 엄마가 품에 안고 먹을 것을 주고, 보듬어 주지 않는다면 아이는 한순간도 안전할 수 없다. 이런 상태로는 결코 생명을 풍성하게 누릴 수는 없는 것이다. 즉 생명을 풍성히 누리려면 자라나야만 한다.

주님은 우리가 단지 영적 생명을 얻게 하시는 분이 아니다.
우리가 영적 생명을 충만히 누릴 수 있도록 자라게 하시는 분이시다.

어린아이 안에는 성인의 모든 가능성이 다 들어 있다. 하지만 자라지 않는 한 그 가능성은 결코 사용될 수 없다. 영적인 세계에서도 그러하다. 제자들의 삶을 보라. 그들은 예수님을 만나기 전에도 엄청난 가능성을 속에 품고 있었을지 모른다. 하지만 그 가능성을 사용할 수는 없었다. 그들은 물고기가 아니라, 사람을 낚는 어부들이 될 가능성을 가지고 있었을지도 모른다. 하지만 실제로는 겨우 물고기를 낚는 이부로서의 삶 밖에는 살 수가 없었다. 그러나 그들은 예수님을 만났다. 그리고 그들은 영적으로 성장했다. 그리고 그들을 통해 세상이 구원을 받은 것이다. 할렐루야!

② 그것은 건강함을 의미한다.

병이 들어 꼼짝 못하고 병원에 누워 있어야만 하는 분들이 있다.

이런 상태에서는 결코 생명을 풍성히 누릴 수 없다. 그러므로 생명을 풍성히 누리게 하신다는 것은 바로 영적인 건강을 주신다는 의미가 된다. 주님은 피곤함과 연약함으로 삶이 부서진 사람들에게 살아갈 힘과 용기를 주시는 분이시다.

성경은 많은 병자들을 고치시는 주님의 사역들을 소개한다. 주님은 38년이나 중풍병으로 누워 있던 병자를 고쳐주셨다. 수많은 다리 저는 자들과 눈먼 자들 귀먹은 사람들을 고쳐주셨다. 나병으로 고통당하던 이들과 귀신에게 사로잡혀 아무 일도 할 수 없던 이들을 고쳐주셨다. 그들에게 주님의 은혜가 임하자 모든 것이 변했다.

오늘도 예수를 만나기 전에는 건강하지 못한 삶을 살던 사람들이 예수를 만남으로 에너지가 넘쳐나는 삶으로 변화를 받

는 일들이 얼마든지 있다. 오늘날은 육신이 멀쩡해 보이는데
도 정신적인 질병으로 고통당하는 이들이 많다. 이들이 주 예
수님을 만나야 한다. 주님께서 임하시면 모든 것을 이겨낼 수
있다. 그러므로 생명을 얻게 하고 더 풍성히 얻게 하시는 주님
의 은혜가 임해야 한다.

③ 그것은 자유함을 의미한다.

아무리 육신이 건강해도 만일 그가 활동할 수 있는 범위가
감옥과 같은 곳이라면 결코 생명의 삶을 풍성하게 누린다고
할 수 없다. 자유를 누릴 때, 비로소 진정한 생명의 삶을 누릴
수 있는 것이다.

가고 싶은 곳을 자유롭게 여행하면서 우리는 생명의 기쁨
을 누린다. 내가 원하는 모든 일들을 자유롭게 하면서 우리는
살아있음에 감사하게 된다. 사람은 자신의 어리석은 죄악으로
인해 스스로 감옥에 갇히는 경우들도 있다. 또한 정신적인 감
옥에 갇혀 사는 사람들도 있다. 누가 그를 감옥에 가두어서가
아니라 스스로 자신을 감옥에 가두는 것이다.

남들이 나를 어떻게 생각할까?
나의 외모를 어떻게 생각할까?
내 말을 어떻게 생각할까?
실수는 하지 않을까?

자신감을 잃어버리고 자신을 보잘것없게 여김으로 아무것도 하지 못하는 사람들도 있다.

'내가 적어도 이런 일을 해야지 아무 일이나 할 수는 없다'는 생각에 사로잡혀서, 당장 해야 할 일을 하지 못하는 사람들도 있다.

한 여인이 있었다. 이 여인은 사람들의 눈이 두려웠다.
마을 사람들이 자신이 누군지를 잘 알았기 때문이다. 그 여인은 지난 세월 남편이 무려 다섯이나 있었다. 그래서 자기에게 사람들이 하는 말들을 듣고 싶지 않았다. 그녀는 가급적 사람들이 없는 시간을 봐서 야외 활동을 했다.

물을 길으려고 나올 때도 사람들이 없는 시간을 택했다.
가장 더울 시간, 사람들이 물을 길으러 나오지 않을 시간에 여인은 혼자 물을 길으려고 우물에 나왔다. 그런데 그때 그 우물에서 예수님을 만났다.

스스로 갇힌 삶을 살아가던 이 여인은 결국 예수님을 통해 진정한 자유를 얻게 되었다. 자신의 부끄러움에도 불구하고 자신을 받아주시며 영생의 물을 주시는 주님을 만났다. 그 여인은 이제 자신의 부끄러움을 돌아보지 않게 되었다. 당당하게 마을로 달려가 복음을 전하는 전도자가 되었다.

④ 그것은 존경과 사랑을 받는 것이다.

아무리 잘 자라고 건강하며 자유를 구가하며 산다고 할지라도, 다른 사람들에게 비천한 취급을 당한다면 어떻게 될까? 경멸받고 버림받는다면, 또한 아무도 그에게 사랑을 표현하지 않는다면 어떻게 될까? 심지어 자신조차도 스스로를 사랑하지 않는다면 어떻게 될까? 그런 사람의 삶은 사는 게 아닐 것이다. 그런 삶은 사는 것이 아니라 단지 존재하는 것에 불과하다고 할 수 있다. 생명을 풍성히 누리기 위해서는 타인들로부터 존경과 사랑을 받는 삶이 있어야만 한다.

삭게오는 돈도 많았고 지위도 높았다.

하지만 아무도 그를 귀하게 보지 않았다. 그는 사랑을 받지 못했다. 사람들에게 매국노로 알려졌다. 외모에 대한 콤플렉스도 있었다. 이 모든 것으로 인하여 그는 사는 게 사는 게 아니었다. 그런 그가 예수님을 만났다. 경멸받던 그의 삶은 주님을 기쁘시게 하는 삶으로 변화되었다.

예수님은 당신에게 생명을 주고 더 풍성히 주시는 분이시다.

2. 풍성한 생명의 삶을 누리는 길

풍성한 생명은 단순히 주어지는 것이 아니라, 주님 안에서 적극적으로 추구해야 얻을 수 있다.

① 주님의 음성에 순종하기

"내 양은 내 음성을 들으며…"(요 10:27)

주님의 양은 그분의 말씀에 귀 기울이고 순종하며 따른다. 주님의 음성을 듣고 그 뜻대로 살아갈 때, 우리는 영적인 풍성함을 경험한다. 말씀을 멀리한 채 세속적인 성공만을 좇는다면 참된 만족과 충만함을 결코 누릴 수 없다. 성경 말씀 속에서 살아 계신 주님의 음성을 듣고, 그 말씀에 순종하며 살아가는 것이 바로 풍성한 생명으로 나아가는 첫걸음이다.

② 성령의 충만함을 간구하기

"성령이 너희에게 임하시면 너희가 권능을 받고…"(행 1:8)

성령님의 충만함은 우리를 영적으로 자라게 하고, 내면의 상처를 치유하며, 죄와 두려움에서 자유케 한다. 또한 성령님은 우리 안에 사랑과 희락, 화평과 같은 성령의 열매를 맺게 하신다. 성령님의 인도하심을 간절히 구하며 기도할 때, 우리는 풍성한 삶을 살아갈 강력한 원동력과 능력을 얻게 된다. 성령님은 우리 안에서 역사하시며, 하나님의 뜻을 이루도록 돕는 우리의 진정한 동반자이시다.

③ 끊임없이 간구하며 나아가기

"구하라 그러면 너희에게 주실 것이요…"(마 7:7)

주님은 간구하는 자에게 기꺼이 응답하시는 분이시다.

우리는 풍성한 생명을 간절히 구하며, 우리의 모든 필요와 갈망을 그분께 아뢰어야 한다. 기도는 하나님과 우리를 잇는 통로이며, 하나님의 은혜가 우리 삶에 임하도록 하는 중요한 열쇠이다. 끊임없이 기도하며 주님과의 관계를 깊게 할 때, 그분은 우리의 갈망을 채워주시고 상상할 수 없는 풍성함으로 우리 삶을 가득 채워주실 것이다.

결론

풍성한 생명을 누리는 삶은 예수 그리스도 안에서 영적으로 자라나고, 치유 받아 건강해지며, 참된 자유를 누리고, 사랑과 존경 속에서 빛나는 삶이다.

이는 물질적인 성공이나 세속적인 성취가 아닌, 하나님의 은혜로 충만한 영적인 삶의 정수를 의미한다.

주님의 말씀에 순종하고, 성령님의 충만함을 간구하며, 끊임없이 기도하면서 이 풍성한 삶을 적극적으로 추구할 때, 우리는 비로소 참된 만족과 기쁨을 누릴 것이다.

당신은 오늘, 이 풍성한 생명 중에서 어떤 부분을 가장 깊이 경험하고 싶은가?

우리가 찾아야 할
유일한 지도자

인생 최고의 축복은 좋은 지도자를 만나는 일이다.

다윗이 사울을 피해 아둘람 굴에 숨어 있을 때였다.

그를 찾아온 이들은 "환난 당한 자, 빚진 자, 마음이 원통한
자…"(삼상 22:2)와 같이 세상에서 소외되고 버림받은 이들이었
다. 그들은 당시 세계의 아웃사이더들이었다.

그러나 이들은 다윗을 만나 함께하며 놀라운 변화를 겪었다.

다윗의 나라에서 중요한 장관과 장군들이 되었고, 충성스러
운 신하로 거듭났다. 다윗이라는 지도자 덕분에 그들의 삶은
완전히 뒤바뀌었다.

나 역시 예수님을 만난 것이 인생 최고의 축복이라고 생각한다.

예수님 덕분에 나는 왜 살아야 하는지, 어떻게 세상을 바라보아야 하는지, 사람들과의 관계는 어떠해야 하는지, 그리고 이 세상을 떠난 후 어디로 가는지 등 수많은 인생의 문제에 대한 답을 얻었다.

삶이 힘들고 어려울 때마다 예수님은 나의 유일한 피난처가 되셨다.

재정적 어려움 속에서도, 부모님의 병환 중에도, 아내의 출산과 아이들을 키우면서도, 나에게 할 수 있는 일은 오직 기도뿐이었다. 그리고 도와줄 이가 아무도 없었을 때, 예수님은 늘 나의 도움이 되셨다.

상공부 장관을 지낸 금진호 씨의 이야기도 마찬가지다.

전통적인 유교 집안의 장남으로 승승장구하며 성공 가도를 달렸던 그는, 뜻밖의 고초를 겪으며 나락으로 떨어졌다. 식욕 부진, 불면증, 우울증, 심지어 실어증까지 겪었다. 자신이 삶을 지배하고 있다고 믿었던 그는, 그때서야 삶이 '뭔가 큰 힘을 가진 존재'에 의해 이끌리고 있다는 것을 깨달았다. 그는 그제야 절대자의 존재를 의식하게 되었다.

절망의 폭풍우 속에서 그는 지인의 전도로 교회에 나가게 되었다.

그는 주일예배에서 네 가지 매력을 발견했다고 간증했다.

"첫째, 책을 읽으려면 눈도 아프고 졸음도 오는데, 목사님 설교는 편하게 앉아서 좋은 책 읽는 것과 똑같은 효과를 얻게 된다.

둘째, 개회 찬송부터 네 번 찬송을 하니 노래방에 안 가고도 목청껏 좋은 노래를 부를 수 있어 좋다.

셋째, 파이프오르간 소리를 배경으로 한 주간의 잘못을 회개하는 순서가 참 매력이다. 아름다운 음악을 들으면서 한 주를 되돌아보는 일이 인생에 얼마나 유익한가?

넷째, 사랑하는 가족들과 함께 데이트를 해서 좋다. 예배 후 함께 하는 검소한 오찬 모임이 우리 가족을 사랑과 화목으로 다져주니 이 또한 매력이다."

그는 이렇게 고백했다.
"하나님은 우리를 사랑하시고, 우리의 삶과 죽음,
모든 것을 주관하신다는 것을 믿습니다."

금진호 전 장관은 주님 안에서 비로소 삶의 폭풍우를 이겨낼 수 있었다. 그의 삶에 찾아온 고난과 역경을 극복하고 다시 일어날 수 있었다.

"나의 힘이 되신 여호와여 내가 주를 사랑하나이다
여호와는 나의 반석이시요 나의 요새이요

나를 건지시는 이시요

나의 하나님이시요 나의 피할 바위시요 나의 방패시요

나의 구원의 뿔이시요 나의 산성이시로다"(시 18:1, 2)

주님은 그의 삶에도 동일한 도움을 주시는 왕이 되셨다.

주님을 만나는 자들마다 광풍을 피하고, 폭우를 피할 수 있다.

메말라 버린 삶의 우물에 생수를 공급받고, 타버릴 듯 뜨거운 인생길에서 쉴만한 그늘로 인도함을 받을 수 있다.

성탄절은 바로 가장 좋으신 왕이 이 땅에 오신 날이다.

그분은 우리를 모든 삶의 절망 가운데서 건져내어 위대한 희망으로 인도하실 유일한 왕이시다.

왕이신 주님을 만나는 사람들은 누구나 그분으로 인해 삶의 진정한 만족을 누리게 될 것이다. 당신도 그중의 한 사람인가?

28

측량할 수 없는 사랑,
채워주시는 은혜

어떤 순간이었을까?

갑자기 숨이 멎는 듯했다. 가슴 깊은 곳에서 뜨거운 불덩이가 치솟았고, 눈물이 뺨을 타고 소리 없이 흘러내렸다. 십자가에 매달리기 위해 끌려가시는 모습을 담은 촌극을 보면서, 내안의 댐이 무너져 내린 것이다. 그리고 그제야 깨달았다. 이것이 바로 '은혜'라는 것을.

"하나님이 세상을 이처럼 사랑하사 독생자를 주셨으니 이는
그를 믿는 자마다 멸망하지 않고 영생을 얻게 하려 하심이라"
(요 3:16)

수없이 들어왔던 복음이 그날은 마치 처음 듣는 소리처럼

귓가에 박혔다.

'나 같은 죄인'이라는 말이 더는 흔한 관용구가 아니었다.

그것은 발가벗겨진 듯한 나의 현실이었고, 동시에 가장 놀라운 변화의 씨앗이었다.

놀라운 사랑의 크기

사도 바울은 감옥 안에서 펜을 들었다.

그는 하나님의 위대한 사랑을 사람들에게 설명하고 싶었다.

그래서 그 사랑의 크기를 헤아리려 이렇게 기록했다.

"…너희가 사랑 가운데서 뿌리가 박히고 터가 굳어져서
능히 모든 성도와 함께 지식에 넘치는 그리스도의
사랑을 알고 그 너비와 길이와 높이와 깊이가 어떠함을 깨
달아…"(엡 3:17-19)

너비와 길이, 높이와 깊이….

바울은 4차원 공간을 동원해서라도 그 사랑을 담아내려 했다. 참으로 하나님의 사랑은 우리가 가진 어떤 개념으로도 다 담을 수 없을 만큼 광대하다. 그 사랑의 한 조각만 깨달아도 우리 인생은 근본부터 달라진다.

갈보리 언덕, 사랑이 피어난 곳

해 질 녘이었을 것이다.

붉은 노을이 예루살렘 성을 감싸안고, 갈보리 언덕 위 세 개의 십자가가 어둠 속으로 스며들고 있었다. 그리고 가운데 십자가에 달리셨던 예수의 숨이 서서히 끊어져 가고 있었다. 그 처절한 순간, 그의 입에서 놀랍게도 이런 말이 흘러나왔다.

"다 이루었다."

그 짧은 한마디에 온 우주의 구원 역사가 담겨 있었다.

가장 순결한 분이 가장 추악한 죄인들을 위해 자신의 모든 것을 내어주셨다. 이것이 바로 사랑이다. 단순한 희생을 넘어, 우리를 향한 맹렬한 열정의 표현이었다. 십자가는 하나님이 우리를 얼마나 간절히 원하셨는지에 대한 가장 강력한 증거다. 독생자까지 내어주시면서 우리를 되찾고자 하신 그 뜨거운 마음 말이다. **"하나님은 사랑이시라"**는 말은 더는 차가운 교리가 아니다. 우리의 심장을 뛰게 하는 살아있는 현실이다.

일상 속에 숨어있는 은혜의 편지들

그 사랑은 2000년 전 십자가에서만 존재하는 것이 아니다.

오늘 아침 당신이 눈을 떴을 때 느낀 모든 것이 은혜였다.

폐 속으로 들어오는 상쾌한 공기, 갓 내린 커피의 향기, 창문 너머로 펼쳐진 푸른 하늘…. 이 모든 것이 하나님의 충만한 창고에서 꺼내어주신 선물이다. 사랑하는 이의 따뜻한 미소도, 힘든 순간 건네받은 위로의 말 한마디도 은혜다. 심지어 우리를 더 단단하게 만드는 어려움조차 은혜의 다른 얼굴일 수 있다.

우리는 마치 은혜의 바다에서 유영하면서도 그 사실을 잊고 사는 경우가 얼마나 많은가? 재물도, 능력도, 가족도, 건강도 모두 하나님이 주신 선물이다.

하지만 그중에서도 가장 크고 귀한 선물은 바로 '구원'이다.

죄인인 우리가 아무런 대가 없이 누리는 이 구원이야말로 모든 은혜의 정수가 아닐까?
이것 하나만으로도 우리는 평생 감사해도 부족할 것이다.

하나님의 무한한 능력, 우리 안에서

"우리 가운데서 역사하시는 능력대로 우리가 구하거나 생각하는 모든 것에 더 넘치도록 능히 하실 이"(엡 3:20)

바울이 감옥에서 쓴 이 고백은 과장된 허풍이 아니다.
이는 삶을 통해 증명된 확신이었다.

지금 당신 앞에 넘을 수 없는 산이 서 있는가?
어깨를 짓누르는 무게 때문에 포기하고 싶은가?
하나님의 사랑을 진정으로 아는 사람은 자신의 한계를 인정
하면서도 절망하지 않는다. 왜냐하면 그들에게는 무한한 능력
의 하나님이 함께하시기 때문이다.

"내게 능력 주시는 자 안에서 내가 모든 것을 할 수 있느니
라"(빌 4:13)

이것은 오만한 자신감이 아니다. 사랑의 하나님을 전적으로
신뢰하는 겸손한 확신이다. 그 확신을 가진 이들은 불가능을
가능으로 바꾸고, 절망을 희망으로 뒤집는다. 죽음마저도 생명
으로 승화시킨다.

더 깊은 곳으로의 초대

친구여, 지금 당신의 마음은 어떠한가?
혹시 가슴 한구석이 벅차오르지는 않는가?
잊고 있던 감사가 샘솟지는 않는가?

그렇다면 당신은 지금 하나님의 사랑의 가장자리를 만지고 있는 것이다.

하지만 이것은 시작일 뿐이다.
더 깊은 은혜의 강이 당신을 기다리고 있다.

바울의 기도를 당신의 기도로 만들어보라.
"…하나님의 모든 충만하신 것으로 너희에게 충만하게 하시기를 구하노라"(엡 3:19)

그 충만한 은혜의 세계로, 지금 한 걸음 더 나아가 보지 않겠는가?
당신의 인생을 송두리째 뒤바꿀 놀라운 여행이 바로 거기서 시작될 것이다.

인생길의 감동과 감사

살다 보면 우리는 끊임없이 무언가를 **기대**하게 된다. 그리고 그 기대가 **실감**으로 다가올 때, 우리는 다양한 감정을 경험한다.

일본의 작가 히라노 히데노리(Hidenori Hirano)는 이를 '감동 방정식'으로 명쾌하게 설명했다.

- 기대 〉〉 실감 = 분노
- 기대 〉 실감 = 불만
- 기대 = 실감 = 만족
- 기대 〈 실감 = 감동
- 기대 〈〈 실감 = 감격
- 기대 〈〈〈 실감 = 감사

우리가 무언가를 크게 기대했지만 실제 그에 미치지 못할 때, 불만을 느끼거나 심지어 분노하기도 한다. 하지만 반대로 기대했던 것보다 훨씬 더 큰 실감이 우리에게 다가올 때, 우리는 **깊은 감동과 감격, 그리고 진정한 감사**를 경험한다.

예상치 못한 행운의 선물, 기대 이상의 서비스, 혹은 오랜 시간 준비했던 프로젝트가 예상보다 훨씬 좋은 성과를 냈을 때 우리는 그런 순간을 경험한다.

이 감동 방정식은 비단 거창한 일에만 적용되는 건 아니다. 삶의 모든 순간, 심지어 가장 평범한 일상에도 작동한다. 그리고 무엇보다 우리에게 가장 큰 감동과 감사를 안겨주는 것은 **우리가 미처 헤아리지 못했던 '기대 이상의 사랑'**일 것이다.

절망 속에서 피어난 예술, 그리고 이해할 수 없는 사랑

영화 『나의 선택』에는 아프리카 내전의 폐허 속에서 헌신하던 한 선교사의 이야기가 나온다. 그는 온몸으로 사역에 매달리던 중, 청천벽력 같은 비보를 듣는다. 사랑하는 딸이 교통사고로 목숨을 잃었다는 소식이었다. 충분히 살릴 수 있었던 생명이었지만, 의료 시설이 열악한 그곳에서는 속수무책이었다. 그는 깊은 절망과 자책감에 빠졌다.

"왜 하필 내 딸이…, 왜 이런 일이 나에게…."

그의 마음속에서는 분노와 불만이 거대한 파도처럼 밀려왔다.

하지만 시간이 흐르면서 그는 딸을 잃은 고통보다 더 큰 무언가를 경험한다. 딸을 향한 자신의 사랑이 한없이 컸듯, 이 세상의 모든 아픔과 슬픔을 끌어안는 **더 크고 위대한 사랑, 곧 하나님의 사랑**이 존재한다는 것을 어렴풋이 깨닫게 된 것이다. 이해할 수 없었던 고통 속에서, 그는 비로소 '기대 이상의 사랑'에 대한 경이로운 깨달음을 얻게 된 것이다.

그 사랑은 딸을 잃은 상실감을 뛰어넘어, 그의 마음에 거대한 감동과 감사를 가져다주었다. 그는 다시 선교의 자리로 돌아갈 힘을 얻었다. 그리고 딸이 남긴 한마디는 그의 남은 삶을 송두리째 바꿔놓았다.

"아빠는 왜 그림을 그리지 않아?"

딸이 그에게 했던 천진난만한 질문은 그가 오랫동안 잊고 있었던 예술가로서의 길을 다시 열어주었다. 그는 붓을 들었고, 그의 그림에는 절망을 넘어선 사랑과 감사의 메시지가 담기기 시작했다. 그의 그림은 훗날 많은 이들에게 큰 위로와 감동을 선사했다.

삶이라는 이름의 경이로운 여정

인생길은 정말 녹록지 않다. 때로는 예상치 못한 고난과 아픔이 찾아와 우리를 좌절시키기도 한다. 하지만 우리가 이 삶을 계속해서 살아갈 수 있는 것은, 아마도 **예측 불가능한 순간에 찾아오는 특별한 감동들이** 있기 때문일 것이다.

그것은 때로는 낯선 이의 따뜻한 친절일 수도 있고, 고난 속에서 발견하는 뜻밖의 희망일 수도 있다. 어쩌면 무심히 지나쳤던 자연의 아름다움 속에서, 혹은 오랜 시간 잊고 있던 누군가의 작은 배려 속에서 우리는 불현듯 '기대 이상의 실감'을 만나게 된다. 그리고 그 순간, 우리의 마음속에는 깊은 감동과 함께 진정한 감사가 싹트기 시작할 것이다.

지금 당신은 삶에 어떤 기대를 품고 살고 있는가? 혹시 지금 힘든 시간을 보내고 있지는 않은가? 하지만 우리는 항상 예상치 못한 감동과 감사의 순간이 우리를 기다리고 있음을 잊지 말아야 한다. 삶은 우리에게 때로 이해할 수 없는 아픔을 주지만, 동시에 우리의 기대를 훨씬 뛰어넘는 놀라운 사랑과 은혜를 경험하게 해 준다.

오늘 당신의 인생길에 기다리고 있을 기대를 뛰어넘는 감동과 감사의 경험은 무엇이 될지 두근거리는 마음이 생기지 않는가?

100년 전의 지혜:
예수 믿어 좋은 아홉 가지 이유

1908년, 격동의 시대 속에서 『예수교신보』에 흥미로운 기사가 실렸다.

제목은 〈예수 믿어 좋은 일 아홉 가지〉이다.

이 글에는 헐벗고 굶주렸던 그 시절, 복음이 가져올 변화를 꿰뚫어 본 놀라운 통찰이 담겨 있다. 100년이 지난 지금도 여전히 우리 삶에 유효한, 그 지혜로운 아홉 가지 이유를 당시의 표현 그대로 소개하고, 현대적인 의미를 덧붙여 본다.

1. 구주의 공로를 힘입어 죄악에서 벗어나서 도덕을 닦아 참 이치를 깨달으면 자연히 거룩하게 되고 이름을 얻는다.

과거의 잘못에서 벗어나 진리를 추구하고 인격을 갈고닦으면, 자연스럽게 존경받는 인격체로 성장할 수 있다는 의미다.

2. 주색잡기를 폐지하고 싸움과 폭력을 금하면, 자연히 화평하게 되고 육신 상에도 좋다.

무절제한 생활과 갈등을 멀리하면, 마음의 평화를 찾고 몸도 건강해져 진정한 웰빙을 누릴 수 있다는 뜻이다.

3. 선량과 천성을 회복하고 악한 생각과 악한 행위를 끊으면, 자연히 온유하고 겸손하게 된다.

내면의 선함을 되찾고 부정적인 생각과 행동을 끊어내면, 자연스럽게 온유하고 겸손한 태도를 갖추게 된다는 의미다.

4. 성령님의 감화와 안위하심을 받고 환난 중에서도 참는 마음을 기르면, 자연히 마음이 편안하게 된다.

영적인 위로를 얻고 고난 속에서도 인내하는 힘을 기르면, 어떤 어려움 속에서도 흔들리지 않는 마음의 평안을 얻을 수 있다는 뜻이다.

5. 사욕을 억제하고 공익을 좋아하며, 행동을 삼가고 의무를 지키면, 자연히 공명정대하게 되어 명예상 복과 이익이 된다.

개인적인 욕심을 내려놓고 공공의 이익을 추구하며 성실하게 책임을 다하면, 공정하고 정직한 사람으로 인정받아 명예와 실질적인 유익을 얻게 된다는 의미다.

6. 마귀와 우상을 숭배치 않고 무당과 사귀를 멀리하면, 자연히 나쁜

풍속이 폐지되어 재산상 복과 이익이 된다.

미신이나 헛된 것에 의지하지 않고 긴진한 가치관을 따르면, 불필요한 소비나 손실을 막고 합리적인 삶으로 재산을 안정적으로 관리할 수 있다는 의미다.

7. 복음을 듣고 이치를 깨달아 지식을 교환하면, 자연히 어둡지 않고 밝아져 교육상 복과 이익이 된다.

진리를 배우고 깨달아 지식을 나누면, 무지에서 벗어나 지혜로워지고 더 나은 배움의 기회를 얻어 삶이 풍요로워진다는 뜻이다.

8. 직분을 지키고 헛된 영화를 탐하지 않으면, 자연히 좋은 단체가 되고 순한 양심을 갖게 되어, 국민상 복과 이익이 된다.

각자의 자리에서 책임을 다하고 헛된 명예를 좇지 않으면, 건강한 공동체가 형성되고 올바른 양심을 가진 시민으로서 사회에 기여하게 된다는 의미다.

9. 사랑하는 마음과 자애로움을 갖게 되면, 만물이 일치되고 사회가 형제가 되어, 함께 슬퍼하고 함께 기뻐한다. 그러므로 세상에 복과 이익이 된다.

서로 사랑하고 자비로운 마음을 가지면, 사회 구성원들이 하나 되어 연대하고 슬픔과 기쁨을 함께 나누며 진정한 번영을 이룰 수 있다는 뜻이다.

변치 않는 복, 예수 그리스도:
오늘 우리에게 던지는 메시지

100년 전, 우리 사회는 참으로 헐벗고 굶주린 모습이었다.

복음이 전해지면서 위의 아홉 가지 약속처럼 실로 많은 복을 받았다는 것은 부인할 수 없는 역사적 사실이다. 이는 예수 그리스도가 참으로 우리 개인과 사회의 근원적인 복이 된다는 명백한 증거다.

그렇다면 100년이 지난 지금, 우리는 이 '예수님을 믿어 좋은 일'들을 어떻게 이해하고 적용해야 할까?

현대 사회는 물질적 풍요를 누리지만, 여전히 정신적 공허함, 관계의 단절, 윤리적 혼란 등 수많은 문제에 직면해 있다. 이러한 시대에 100년 전의 지혜는 단순한 옛 기록이 아니라, 우리 삶의 방향을 제시하고 진정한 행복을 향한 길을 안내하는 나침반이 된다. 이 사실을 기억하고, 항상 주님을 사랑하며 그 가르침을 따를 때 우리는 시대를 초월한 변치 않는 복과 평화를 누릴 수 있을 것이다.

올바른 인격, 건강한 관계, 지혜로운 삶, 그리고 서로 사랑하는 공동체를 향한 열망…. 이것이야말로 100년 전 선조들이 꿈꾸었고, 예수 그리스도 안에서 우리가 오늘날에도 추구해야 할 진정한 복이 아닐까?

31

오직 예수님이
자기 왕인 사람들

　중국 정부의 가정교회 핍박이 극에 달했던 2018년. 특히 12월 9일, '이른비 언약교회(Early Rain Covenant Church)'는 큰 시련을 겪었다. 한밤중부터 시작된 공안의 급습으로 100명이 넘는 성도들이 끌려갔고, 교회는 폐쇄되었다. 당시 체포를 피해 피신 중이던 ○○○ 장로가 외부의 형제자매들에게 쓴 편지가 있다. 이 편지는 핍박 속에서도 흔들리지 않는 믿음이 무엇인지를 생생하게 보여준다.

　사랑하는 여러 형제자매와 동역자 여러분

　주님께 감사합니다!
　그분은 2018년이 곧 마무리되는 이 시점에, 이번 12월 9일의 큰 핍박을 우리에게 상으로 주셨습니다.

지난밤부터 오늘 점심까지, 100명이 넘는 목사, 장로, 스탭, 형제자매들이 끌려갔고, 그들이 지금 어디에 있는지도 우리는 알 수 없습니다. 설령 안다고 할지라도 우리는 그들을 위해서 할 수 있는 일도 없고, 무언가 하기도 어렵습니다. 그러나 우리는 그들이 주님의 자비와 사랑의 얼굴 앞에 있음을 확신하고 있고, 그들이 반드시 주님의 은혜와 주권의 보호 안에서 있다는 것을 믿으며, 주님께서 환난과 갇힘 중에 있는 그들과 함께하실 줄 확신합니다.

(중략)

사랑하는 형제자매 여러분, 우리는 아마도 '큰 핍박'을 새로운 일상으로 받아들여야 할지도 모릅니다. 여러분, 3년 전의 12월 9일은 '꿰이양 산돌교회'에 대한 핍박이 정식으로 막을 올린 날인 것을 아시나요? 그 형제자매들 각자의 집에 누군가가 찾아왔습니다. 몇 명의 경찰과 지역의 관계자들이 한 사람을 통제했습니다, 그들의 소그룹(역자 주: 가정교회에서 비공식적으로 모이는 모임 단위)도 그렇게 하나하나 해산이 되었습니다. 이어서 우리는 어떻게 대응해야 할까요? 장로의 회에서 준비한 안에 따라 우리는 몇 가지 일을 진행할 것입니다:

(후략)

"그리스도는 주, 은혜의 왕이시니, 십자가를 지고,

복음을 흥왕케 하사."

이는 이른비 언약교회가 주님으로부터 받은 비전입니다.

우리는 모든 사람들이 이 비전을 얻고, 소중히 여기며, 실천하고

살아내기를 바랍니다!

여러분을 사랑하는 ○ ○ ○ 장로

　이 편지 속에서 우리는 예수님만을 자기 왕으로 섬기는 사람들의 모습을 본다. 그들은 '큰 핍박'을 새로운 일상으로, 고난을 복음의 향기로 여긴다.

　오늘날, 편안한 일상 속에서 신앙생활을 하는 우리는 과연 어떠한가?

　당신의 삶에서 예수님만이 유일한 왕이신가?

내 탓이요:
죄의 세상에서 건져 올린 은혜

구상 시인의 시 『자수』를 처음 읽었을 때, 많은 이들이 당혹감을 느꼈을 것이다.

'그 어린아이를 치어 죽인 운전수도 바로 저구요… 그 여인을 교살한 하수인도 바로 저구요'라고 담담하게 고백하는 시인의 모습은, 우리 사회가 지닌 죄의 그림자를 극단적으로 보여준다.

그는 자신이 모든 미궁에 빠진 사건의 정범이며, 기꺼이 교수대에 오르겠다고 말한다. 그리고 최후의 순간, 그는 소름 끼치는 고백을 덧붙인다.

"솔직히 말하면 이 순간에도 저는 최소한 4천만과 공범이라는 이 느낌을 버리지 못해 안타까운 것입니다."

시인은 여기서 '나' 한 사람의 죄가 아니라, 사회 전체가 공유하는 죄의 문제를 통찰하고 있다. 시인에게 이 세상은 온갖 죄악이 뒤엉켜 파국을 향해 치닫는 거대한 공범들의 세상이다.

모두의 죄, 모두의 파국

어쩌면 우리는 시인의 고백을 비현실적이라고 생각할지 모른다.

"나는 살인하지 않았고, 도둑질하지 않았다"고 말하며 그 시의 고백이 나와는 무관하다고 선을 긋고 싶을지 모른다. 그러나 곰곰이 생각해 보면, 우리는 얼마나 많은 죄의 씨앗을 마음속에 품고 살아가는지 깨닫게 된다.

누군가를 향한 미움과 질투는 마음속에서 이미 그를 살해한 것과 다름없다. 정직하지 못한 이익을 탐하는 마음은 이미 도둑질을 한 것과 같다. 무관심과 방관은 불의를 묵인하는 공범의 태도이다. 이 작은 씨앗들이 모여 세상을 병들게 하고 파국으로 몰아간다.

성경은 "모든 사람이 죄를 범하였으매 하나님의 영광에 이르지 못하더니"(롬 3:23)라고 선언한다. 이 말씀은 우리 모두가 이 '공범'의 세상에서 벗어날 수 없는 존재임을 명확히 한다. 세상의 어둠과 고통은 다른 누구의 잘못이 아니라, 바로 "내 탓이요"라고 고백할 수밖에 없는 우리 모두의 죄악이 쌓여 만들어진 결과이다. 우리 안에 있는 탐욕, 이기심, 교만, 무관심이 원흉이다.

이러한 죄의 늪에 빠져 스스로는 결코 구원받을 수 없는 존재가 바로 우리이다. 모두가 멸망을 향해 달려가는 길 위에서, 인류는 절망에 잠식되어 갈 뿐이다.

단 한 사람도 잃지 않으시는 은혜

바로 이 절망적인 세상 한가운데서, 믿을 수 없는 일이 일어난다. 죄와 파국 속에서 멸망할 수밖에 없는 우리를 향해 하나님께서 손을 내민다. 단 한 사람이라도, 당신의 택한 백성을 잃어버리지 않겠다고 작정하신 분이 바로 하나님이다.

이것이 바로 은혜다. 우리가 죄인 되었을 때, 우리가 하나님을 외면하고 우리의 욕망을 따라갈 때, 하나님은 우리를 찾아오셨다. 마치 아흔아홉 마리의 양을 두고 잃어버린 한 마리 양을 찾아 나선 목자처럼, 세상의 어둠 속에 흩어진 당신의 백성들을 한 사람 한 사람 불러내신다.

하나님께는 우리의 모습이 어떻든, 서로 사는 형편이 어떻든, 처한 환경이 어떻든, 문제가 되지 않는다. 그분은 우리의 외모나 사회적 지위를 보지 않으시고, 오직 당신의 택하심을 따라 우리를 부르신다.

그 부르심은 종종 우리의 삶에 예고 없이 찾아온다. 질병, 실패, 관계의 단절과 같은 고난을 통해 찾아오기도 하고, 때로는 따뜻한 위로의 말씀 한 구절이나, 낯선 이의 작은 친절을 통해 찾아오기도 한다. 그 부르심에 응답하여 주님을 만나는 순간, 우리는 '죄의 공범'이라는 절망에서 벗어나, '하나님의 자녀'라는 새로운 신분으로 변화된다.

우리는 이처럼 값없이 주어진 하나님의 귀한 은혜를 입은 사람들이다. 우리의 공로가 아니라, 오직 하나님의 사랑과 주권으로 건져진 사람들이다. 우리가 할 수 있는 유일한 일은, 그 구원의 손길을 붙잡고 "내 탓이요"라고 고백했던 시인의 마음으로 돌아가, 나 자신이 죄인임을 인정하고 주님의 은혜를 찬양하는 것이다.

당신은 이 놀라운 은혜를 이미 경험했는가? 아니면 아직도 세상의 파국 속에서 외로이 방황하고 있는가?

하나님은 지금도 당신을 잃어버리지 않기 위해 당신의 이름을 부르고 있다.

그분의 음성에 귀 기울이고, 은혜의 손을 붙잡는다면 당신의 삶은 영원한 생명으로 충만해질 것이다.

33

당신은 이 시대의
계시의 별빛이다

언젠가 오지 탐험 전문가가 사막에서 살아남는 법을 알려주는 것을 보았다. 그는 사람들이 모래 언덕을 목표 삼아 걷다가 길을 잃기 쉽다고 했다. 하루아침에 사라질 수 있는 모래 언덕 대신, 변치 않는 하늘의 별을 보고 방향을 잡아야 한다고 강조했다. 별은 길을 잃은 사람들의 정확한 안내자이기 때문이다.

우리는 인생을 살아가며 각자 따르는 '별'이 있다. 과학의 별, 이념과 사상의 별, 혹은 경제의 별과 같은 것들이다. 하지만 우리가 그 '별'들을 따라갔을 때, 정말 구원의 장소로, 참 행복이 있는 곳으로 인도되었는가? 오히려 수많은 갈등과 피곤함이 초래되지는 않았는지 곰곰이 돌아볼 필요가 있다.

오늘날 우리를 인도하는 수많은 별이 있다. 어떤 별은 잠시 비추는 듯하다가 사라지고, 어떤 별은 방향을 잃게 만든다. 당신은 지금 어떤 별을 따르고 있는가? 그리고 그 별은 당신을 어디로 안내하고 있는가?

오직 참 구원자이신 예수 그리스도에게로 우리를 인도하는 계시의 별을 따라가야 진정한 행복을 찾을 수 있다. 하나님이 주신 계시의 말씀이 우리를 인도하는 곳, 그곳에 진정한 행복이 있다.

조선 땅에 비춘 계시의 별

어두웠던 이 땅에 계시의 별이 비추었을 때, 우리 민족은 그 빛을 따랐다. 그리고 그 결과 큰 은혜와 복을 누리는 민족이 되었다.

정연희의 소설 〈양화진〉에는 언더우드(Horace G. Underwood) 선교사의 간절한 마음을 담은 기도가 실려 있다. 이는 비록 문학적인 창작이지만, 복음의 불모지였던 조선 땅을 향한 그의 진실한 믿음과 간절함을 고스란히 담아낸다.

"주여, 지금은 아무것도 보이지 않습니다. … 조선의 마음이 보이지 않고, 저희가 해야 할 일도 보이지 않습니다. 그러나 주님, 순종하겠습니다. … 지금은 우리가 황무지 위에 맨손으로 서 있는 것 같사오나, 머지않아 이곳이 은총의 땅이 되리라는 것을 믿습니다. 주여, 오직 제 믿음을 붙잡아 주소서!"

고집스럽게 얼룩진 어둠뿐이었던 조선 땅에서, 그의 믿음은 계시의 별이 되었다.

이 빛을 따른 결과, 불과 100년 만에 우리나라는 세계가 놀랄 부흥과 번영을 이루었다.

당신이 빛나는 별이 되어라

성경은 우리에게 교훈한다.

"…많은 사람을 옳은데로 돌아오게 한 자는 별과 같이 영원토록 비취리라"(단 12:3)

그 '옳은데'는 바로 예수 그리스도가 계신 곳이다.

사람들을 말씀으로 주님께 인도하는 이들은 모두 이 세상에서 가장 빛나는 별들이다.

그 별들을 통해 주를 찾아온 사람들은 이 시대의 동방박사들이다.

계시의 별이 이미 당신에게 비추었다.

누군가가 당신에게 한 별이 되어주었다.

이제 당신이 누군가의 한 별이 되어야 한다.

당신도 사람들의 발걸음을 예수께로 인도하는 계시의 별이 될 수 있겠는가?

산 자와 죽은 자

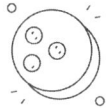

우리는 숨 쉬고 활동하면 모두 살아있다고 생각한다. 하지만 성경은 이와 다른 이야기를 들려준다. 계시록 3장 1절에서 주님은 사데 교회를 향해 "네가 살았다 하는 이름은 있으나 죽은 자로다"라고 말씀하셨다. 겉으로는 멀쩡해 보이지만, 영적으로는 죽은 상태라는 뜻이다.

사도 바울도 에베소서 2장 1절에서 비슷한 말을 한다. "너희의 허물과 죄로 죽었던 너희를 살리셨도다." 바울이 말한 이들은 무덤에 들어갔다가 나온 사람들이 아니었다. 일상생활을 하는 평범한 사람들이었다. 그런데 바울은 그들을 허물과 죄로 인해 죽은 자라고 지적한 것이다.

그렇다면 성경이 말하는 참 생명은 무엇일까?

또 진정으로 살아있는 자와 죽은 자는 누구일까?

영적인 죽음이란 무엇인가?

성경이 말하는 죽음은 단순히 육체적인 호흡의 멈춤만을 의미하지 않는다.

그것은 하나님과의 단절을 뜻한다. 영적으로 죽었다는 것은 마치 전기가 끊긴 기계가 아무리 멋져 보여도 제 기능을 할 수 없는 것과 같다. 생명의 근원이신 하나님과의 관계가 끊어진 상태이다.

영적으로 죽은 자는 죄의 지배 아래 놓인다. 스스로 죄의 권세에서 벗어날 힘이 없어 죄의 유혹에 끊임없이 끌려다닌다. 그 결과 참된 만족이나 자유를 경험하지 못하고, 깊은 공허함과 무의미함 속에서 방황하게 된다. 겉으로는 분주하고 성공한 것처럼 보여도, 그 속은 어둠과 허무함으로 채워져 있을 수 있다. 삶의 진정한 의미와 목적을 알지 못한 채 방황하는 상태, 그것이 바로 성경이 말하는 영적인 죽음이다.

참 생명이신 예수 그리스도

성경이 말씀하는 참 생명은 바로 예수 그리스도이다. 오직 그분만이 참된 생명이 되신다. 참 생명이신 예수님이 우리 안에 있을 때, 우리는 비로소 생명을 소유하고 살아있는 자가 된다. 그러나 예수를 소유하지 못한 사람들은 아무리 숨을 쉬고 활동해도 참 생명과는 거리가 먼 삶을 사는 것이다.

예수님은 이러한 사실을 비유적으로 말씀하셨다.

바로 자신을 '생명의 떡'이라고 하신 것이다. 요한복음 6장 35절에서 "내가 곧 생명의 떡이니 내게 오는 자는 결코 주리지 아니할 터이요"라고 말씀하셨다.

또한 요한복음 6장 51절에서는 "나는 하늘로서 내려온 산 떡이니 사람이 이 떡을 먹으면 영생하리라"고도 하셨다.

이것이 바로 기독교의 생명관이다. 생명은 다른 것이 아니라 예수 그리스도이고, 예수 그리스도를 '먹는 자'가 진정한 생명을 얻은 자라는 말씀이다.

"인자의 살을 먹지 아니하고 인자의 피를 마시지 아니하면 너희 속에 생명이 없느니라"(요 6:53)

예수님을 '먹고 마신다'는 것의 의미

여기서 예수님을 '먹고 마신다'는 것이 성만찬에 참여하는 것을 의미하는지 궁금할 수 있다. 그러나 이 말씀은 성만찬 의식이 제정되기 훨씬 이전에 주어진 것이므로, 주님은 성만찬에 대해 말씀하고 계신 것이 아니다.

요한이 교훈하는, 예수님을 먹고 마시는 행위는 바로 예수님을 내 안에 영접하고 믿는 것을 의미한다. 즉 주님을 내 개인의 삶 속에 주인으로 받아들이고, 그렇게 확신하며 믿는 것이다. 요한복음 6장 47절은 "진실로 진실로 너희에게 이르노니 믿는 자는 영생을 가졌노니 내가 곧 생명의 떡이로라"고 분명히 말씀한다.

주님은 우리에게 이렇게 교훈하신다.
"너희가 나를 너희의 생명의 구주로 믿고 따른다면 너희 안에는 생명이 있다. 그러나 만일 너희가 나를 믿고 따르지 않는다면, 너희는 살았다 하는 이름은 있을지 몰라도 실상은 죽은 자임을 알아야 할 것이다."

성탄절, 참 생명을 얻는 시간

이 글을 읽는 당신은 지금 어떤 상태인가? 겉으로는 살아 보이지만, 혹시 영적인 공허함과 무의미함으로 괴로워하고 있지는 않은가?

만약 그렇다면, 지금 바로 당신의 유일한 구세주 되시는 예수 그리스도를 당신의 삶에 주인으로 영접하기 바란다. 그분이 당신의 모든 죄를 위해 십자가에서 죽으시고 다시 살아나셨다는 진리를 마음으로 믿으라. 그럴 때 당신은 비로소 죽은 자가 아닌 참된 산 자가 될 수 있고, 영원한 생명의 기쁨을 누릴 수 있다.

이번 성탄절이 형식적인 기념일을 넘어, 말씀이신 예수님을 통해 참 생명을 얻고 그분 안에서 새로운 삶을 시작하는 은혜로운 시간이 되기를 간절히 바란다.

당신은 예수 그리스도를 통해 어떤 새로운 생명의 삶을 누리고 싶은가?

산 자와 죽은 자의
결정적인 차이, 사명의식

당신은 지금 '살아 있다'고 자신 있게 말할 수 있는가? 단순히 숨 쉬고 심장이 뛰는 것을 넘어, 진정으로 **생명력으로 충만한 삶**을 사는가? 우리 주변을 자세히 돌아보면, 죽지 못해 하루하루를 끌려가듯이 살거나, 사는 게 사는 것 같지 않다고 한탄하는 이들을 너무도 쉽게 발견할 수 있다. 겉으로는 살아 있지만, 그 영혼의 활력은 꺼져가는 불씨처럼 위태로운 모습이다.

그렇다면 정말 '산 자'와 '죽은 자'의 결정적인 차이는 무엇일까? 이 질문에 대한 답은 바로 **사명의식**에서 찾아볼 수 있다. 이것은 예수를 통해 새로운 생명을 얻은 자와 그렇지 못한 자를 가르는 중요한 기준이다.

생명은 '명을 살아 있게 하는 것'

이현주 목사는 생명을 '명을 살아 있게 하는 것'이라 풀이
했다.

이는 생명의 삶이 곧 **천명**(天命)**을 따라 살아가는 삶**이라는 깊
은 의미를 담고 있음을 의미한다. 그러기에 자신이 곧 생명의
근원이셨던 예수님은 오직 하나님의 뜻을 따랐던 것이다.

요한복음 4장 34절에서 예수님은 분명히 말씀했다.
"나의 양식은 나를 보내신 이의 뜻을 행하며 그의 일을 온전
히 이루는 이것이니라."

예수님은 자신의 존재 목적, 즉 사명을 분명히 알았고, 그 사
명을 이루는 것을 삶의 '양식'으로 삼았다. 이처럼 예수로 인
해 참된 생명을 얻은 사람은 마음에 새로운 사명의식이 자리
잡는다. '하나님께서 내게 맡겨주신 것이 무엇인가?'에 마음을
기울이게 되고, 그 뜻을 이루기 위해 최선을 다하는 삶을 살게
되는 것이다.

예수 가족의 조건: 아버지의 뜻대로 행하는 자

생명의 근원이신 예수님의 참된 가족은 단순히 혈연으로 맺

어진 관계가 아니다.

그들은 언제나 하나님의 뜻을 따르는 사람들이다. 마태복음 12장에 흥미로운 일화가 나온다. 예수님께서 강론하시던 중 육신의 어머니와 동생들이 찾아왔을 때, 한 사람이 예수님께 "당신의 모친과 동생들이 당신께 말하려고 밖에 섰나이다"라고 전했다.

그러자 예수님은 "누가 내 모친이며 내 동생들이냐?"라고 되물으신 후, 손을 내밀어 제자들을 가리키며 말씀했다.

"나의 모친과 나의 동생들을 보라. 누구든지 하늘에 계신 내 아버지의 뜻대로 하는 자가 내 형제요 자매요 모친이니라."

이 구절은 우리에게 분명히 말해준다.

생명의 공동체인 예수 가족의 일원이 되었다는 것은, 우리 안에 하나님의 뜻을 향한 **확고한 사명의식**이 있어야 한다는 것이다. 만약 당신이 예수 그리스도를 믿고 새 생명을 얻었다면, 이제 당신은 더 이상 자신만을 위해 살아가서는 안 된다.

로마서 14장 7절은 "우리 중에 누구든지 자기를 위하여 사는 자가 없고 자기를 위하여 죽는 자도 없도다"라고 가르친다. 오직 주님을 위하여 살아가는 사명자가 되는 것이야말로 참 생명이 있음을 드러내는 증거임을 잊지 말아야 한다.

행함이 없는 믿음은 죽은 믿음

여기서 중요한 또 하나의 교훈이 있다.

야고보서 2장 26절은 "영혼 없는 몸이 죽은 것같이 행함이 없는 믿음은 죽은 것이니라"고 말씀한다. 예수님의 생명으로 가득 찬 '산 사람'이라면, 그 삶 속에서 살아 움직이는 증거가 드러나야 마땅하다.

이는 우리의 일상에서도 쉽게 발견할 수 있다. 어떤 이는 삶의 활력이 넘쳐나고, 살아야 할 이유와 목적이 뚜렷하다. 반면 어떤 이는 겨우 숨만 붙어 있는 것처럼 살아간다. 영혼의 상태 또한 이와 같다. 그리스도인이라는 이름표를 달고 있지만, 정작 살아있는 생명력이 보이지 않는 이들도 있다. 만약 우리가 살아 있는 예수님의 생명으로 충만한 성도라면, 우리의 삶 가운데 예수님과 같은 **사명의식이 넘쳐흘러야** 한다.

순천(順天)의 삶, 생명의 증거

예수님은 우리에게 생명을 주시기 위해 이 땅에 오셨다.

요한복음 10장 10절은 "내가 온 것은 양으로 생명을 얻게 하고 더 풍성히 얻게 하려는 것이라"고 선언한다. 당신 안에 주님께서 그토록 풍성히 부어주고자 열망하신 그 생명력이 지금 충만하게 역사하는가?

그렇다면 지금까지 당신은 어떤 삶을 살아왔는가?
하나님의 뜻을 따르는 **순천**(順天)의 **삶**을 살아왔는가, 아니면 하나님의 뜻을 거스르는 **역천**(逆天)의 **삶**을 살아왔는가?

'순천자존 역천자망(順天者存 逆天者亡)'이라는 공자의 말이 있다.
하늘의 뜻을 따르는 자는 살고 거스르는 자는 망한다는 뜻이다. 우리의 하늘은 오직 하나님 한 분이시며, 우리가 따를 분도 오직 하나님 한 분이시다. 우리의 삶에 하나님의 뜻이 얼마나 반영되어 있는가?
만약 한 해 동안 내 욕망과 쾌락만을 좇으며 살았다면, 우리는 결코 하나님의 뜻을 이행하는 '산 자'의 삶을 살았다고 할 수 없을 것이다.

우리의 기도와 삶의 일치

주님은 마지막 십자가를 눈앞에 둔 상황에서도 "내 원대로 마옵시고 아버지의 원대로 되기를 원하나이다"(눅 22:42)라며 철저히 하나님의 뜻을 구했다.
우리 또한 날마다 기도한다.
"뜻이 하늘에서 이루어진 것 같이 땅에서도 이루어지이다."

하지만 우리의 삶의 모습은 과연 그 기도와 일치하는가?

누가복음 14장에 나오는 잔치 비유처럼, 하나님께서 우리를 생명의 잔치에 초대하셨음에도 불구하고 우리는 "나는 밭을 샀으매 불가불 나가보아야 합니다. 나는 소 다섯 겨리를 샀으매 시험하러 나가야 합니다. 나는 장가들었으니 갈 수가 없습니다"라며 각자의 이유로 초대를 사양하고 있지는 않은가?

성경은 이러한 삶이 영원한 생명으로 충만하지 못한, 거반 죽게 된 삶임을 분명히 교훈한다.

잠언 4장 13절은 "훈계를 굳게 잡아 지키라 이것이 네 생명이니라"고 말하며, 마태복음 7장 21절은 "나더러 주여 주여 하는 자마다 천국에 다 들어갈 것이 아니요 다만 하늘에 계신 내 아버지의 뜻대로 행하는 자라야 들어가리라"고 강조한다. 이어 24절에서는 "그러므로 누구든지 나의 이 말을 듣고 행하는 자는 그 집을 반석 위에 지은 지혜로운 사람 같으리니"라고도 말씀한다.

당신의 사명은 무엇인가?

주님은 당신이 생명력으로 가득 찬 새로운 삶을 살게 되기를 간절히 고대한다.

이 글을 읽는 지금, 당신의 마음속에는 어떤 사명의 불꽃이 타오르고 있는가? 혹은 어떤 꺼진 불씨가 보이는가?

하나님의 뜻을 찾아 그 뜻대로 살아가는 것, 그것이야말로 진정한 생명의 증거이자, 이 땅에서 누릴 수 있는 가장 풍성한 삶이다.

이제 당신의 삶에서 하나님의 뜻을 어떻게 찾고, 어떻게 실천할 수 있을지 깊이 묵상해 볼 때이다. 오늘 하루, 당신의 작은 결단이 하나님의 위대한 계획 속에서 빛나는 한 걸음이 되기를 소망한다.

세상의 빛으로 부름받은 교회

예수님은 우리에게 명확히 선언하셨다.

"너희는 세상의 빛이라"(마 5:14)

이는 단순한 은유가 아니다. 교회의 본질적 정체성이다.

빛은 존재 자체로 어둠을 물리치는 속성을 가지고 있다.

역사 속에 드러난 교회의 빛된 역할

한국 교회사를 돌아보면, 교회가 세상의 빛 역할을 감당함으로 크게 기여한 일들이 자주 등장한다.

일제강점기: 신사참배 거부와 독립운동 참여

해방 후: 자유민주주의 가치 정착에 기여

산업화 시대: 사회 정의와 인권 신장 운동

이러한 역사는 교회가 단순히 종교적 영역에만 머물지 않고, 사회 전반에 하나님의 뜻을 구현하려 했음을 보여준다.

다른 나라들의 경험에서 배우는 교훈

각 나라마다 교회의 사회적 역할은 다르게 나타난다.

일본의 경우 개신교 역사는 길지만, 사회적 영향력이 제한적인 것이 현실이다. 이는 여러 복합적 요인들(문화적 특성, 역사적 경험, 선교 전략의 차이 등) 때문이다.

이러한 차이를 통해 우리는 교훈을 얻는다.

교회가 세상의 빛이 되기 위해서는 단순히 종교적 열심만으로는 충분하지 않다는 것이다. 복음의 공적 차원을 회복하고, 사회 문제에 대한 성경적 응답을 제시하는 것이 필요하다.

우리 시대의 어둠들

① 분열과 갈등의 시대

현재 우리 사회는 깊은 분열을 겪고 있다. 정치적 견해 차이가 단순한 의견 차이를 넘어 인격적 대립으로 발전하고 있다. 이는 비단 우리나라만의 문세가 아니다. 미국에서도 징치직 양극화로 인한 가족관계 단절이 심각한 사회 문제로 대두되고 있다.

성경은 우리에게 분명하게 교훈한다.

"형제를 미워하는 자는 어둠에 있고 어둠에 행하며"(요일 2:11)

그러므로 교회는 이 시대 분열과 갈등을 가라앉히는 일에 최선을 다해야 한다.

② 가정해체와 출산율 저하

젊은 세대들이 결혼과 출산을 기피하는 현상은 단순한 개인적 선택의 문제를 넘어 사회 전체의 지속가능성을 위협하고 있다. 이 배경에는 경제적 부담, 가치관의 변화, 미래에 대한 불안 등이 복합적으로 작용하고 있다.

성경은 하나님께서 당신의 백성들이 땅 위에서 생육하고 번성하며 땅 위에 충만하기를 원하신다는 사실을 분명히 밝히고 있다(창 1:28). 그러므로 교회는 이 사회의 가정해체나 출산율 저하 문제에 깊은 관심을 기울여야 마땅할 것이다.

③ 물질주의와 개인주의

현대 사회는 물질적 풍요와 개인의 자유를 최고 가치로 여기는 경향이 강하다.

이는 공동체 의식의 약화와 타인에 대한 무관심으로 이어지고 있다.

빛의 사명을 회복하는 길

① 그리스도의 통치 아래 하나 되기
교회가 세상의 빛이 되기 위한 첫 번째 조건은 예수 그리스도의 통치를 인정하는 것이다. 이는 우리의 모든 영역(개인적 삶, 가정, 사회 참여)에서 주님의 뜻을 구하는 것을 의미한다.

② 구체적인 실천 방안
화해와 치유의 사역
갈등하는 이웃들 사이의 중재자 역할
용서와 화해의 복음적 가치 실천
사회적 약자를 위한 구체적 섬김

가정 회복 운동
건강한 결혼 문화 조성
자녀 양육에 대한 성경적 가치관 교육
세대 간 소통과 이해 증진

사회적 책임 실천
정의롭고 공정한 사회 건설 참여

환경 보호와 지속가능한 발전

글로벌 시민으로서의 책임 의식

말씀 중심의 삶

무엇보다 중요한 것은 말씀의 가치를 따라 사는 것이다. 세상의 가치관이 아니라 하나님의 말씀이 우리 삶의 기준이 되어야 한다.

"주의 말씀은 내 발에 등이요 내 길에 빛이니이다"(시 119:105)

빛의 역사를 만들어가는 교회

① 개인적 차원의 변화

빛의 사명은 개인의 거룩한 삶에서 시작된다. 각 성도가 각자의 삶의 영역에서 그리스도의 성품을 나타낼 때, 그것이 곧 세상을 비추는 빛이 된다.

② 공동체적 차원의 변화

교회 공동체가 서로 사랑하고 섬기는 모습을 보일 때, 세상은 하나님의 사랑을 경험하게 된다.

"너희가 서로 사랑하면 이로써 모든 사람이 너희가 내 제자인 줄 알리라"(요 13:35)

③ 사회적 차원의 변화

교회가 사회 문제에 대해 성경적 관점을 제시하고 구체적인 대안을 실천할 때, 빛의 역할을 감당하게 된다. 이는 정치적 활동과는 구별되는 복음적 가치에 기초한 사회 참여다.

맺는말: 참 빛이 주시는 소망

성탄절의 참된 의미는 우리가 빛의 자녀로 부름을 받았다는 사실을 깨닫는 것이다. 어둠이 아무리 짙어도 빛 하나가 켜지면 어둠은 물러간다.

우리가 예수 그리스도 안에서 하나 되어 세상을 향해 빛을 비출 때, 분열된 사회에 화해가 임하고, 절망에 빠진 세대에게 소망이 회복되며, 무너진 가정들이 다시 세워질 것이다.

이것이 바로 빛의 자녀로 살아가는 길이다. 참 빛이신 예수님께서 우리와 함께하시기 위해 이 땅에 임하신 성탄절에 우리 모두가 빛의 사명을 새롭게 받아들이는 은혜가 있기를 소망한다.

"다시 예수께서 말씀하여 이르시되 나는 세상의 빛이니 나를 따르는 자는 어둠에 다니지 아니하고 생명의 빛을 얻으리라"(요 8:12)

어둠에 속한 자의 결국 현실

어둠에 속한 자는 자기가 가는 곳을 알지 못한다(요 12:35).
방향을 잃은 채, 목적지 없이 방황하는 삶이다.

어둠에 속한 자는 사탄의 권세 아래 있다(행 26:18).
진정한 자유가 없는, 보이지 않는 사슬에 묶인 존재다.

어둠에 속한 자는 그 행실들이 마지막 심판의 날 다 드러난
다(고전 4:5).
아무도 모르게 행한 어두운 일들이 남김없이 밝혀지는 날이
온다.

어둠에 속한 자는 삶에 아무런 열매도 맺을 수 없다(엡 5:11).

화려해 보일지라도, 생명이 없는 공허한 삶이다.

어둠에 속한 자는 도둑같이 임하는 심판 날을 피하지 못한다(살전 5:4).

예고 없이 찾아오는 심판을 무방비 상태로 맞이한다.

이것이 어둠에 속한 자가 직면하는 절망적인 현실이다.

빛 되신 예수님을 알지 못할 때, 우리는 모두 이 멸망의 길을 걸을 수밖에 없었다.

그러나 하나님은 우리를 이 어둠 속에 그대로 두지 않으셨다. 이 절망을 비추기 위해 '참 빛'이 세상에 오셨다.

빛의 자녀가 누리는 영광

빛의 자녀는 생명의 길을 걸어 영생에 이른다.

그들의 길에는 등불이신 주님이 함께하시기에 방황하지 않는다.

빛의 자녀는 빛들의 아버지, 하나님의 다스림을 받는다.

더 이상 사탄의 권세 아래 있지 않고, 하나님의 보호와 사랑을 누린다.

빛의 자녀는 마지막 심판의 날 상급을 받는다.

은밀한 선행과 수고가 주님 앞에서 영광스러운 면류관이 된다.

빛의 자녀는 착함과 의로움과 진실함이라는 빛의 열매를 맺는다.

삶의 모든 순간이 생명력 넘치는 열매로 가득 찬다.

빛의 자녀는 마지막 심판의 날을 준비하고 맞이한다.

두려움 대신 설렘으로, 주님을 만날 그날을 기다린다.

이것이 빛의 자녀가 누리는 영광스러운 삶이다.

수학자이자 철학자인 파스칼은 그의 책 『팡세』에서 이렇게 말했다.

「사람의 본성은 부패한 것이다. 예수 그리스도 없이는 누구나 악습과 비참 속에 머물러 있어야 한다. 예수 그리스도와 같이 있으면, 사람이 악습과 비참에서 벗어난다. 우리의 모든 덕과 우리의 모든 행복과 즐거움이 그에게 있다. 그를 떠나면 악습, 비참, 암흑, 죽음, 절망이 있을 뿐이다.」

"너희가 전에는 어둠이더니 이제는 주 안에서 빛이라"(엡 5:8)

"그러므로 우리는 어둠의 일을 벗고 빛의 갑옷을 입자"(롬 13:12)

당신은 지금 어디에 서 있는가?

빛 되신 주님과 함께 걷는 생명의 길에 있는가?

예수님에 대한 제자들의 깨달음

이사야 선지자는 이렇게 예언했다.

"그의 어깨에는 정사를 메었고 그의 이름은 기묘자라,

모사라, 전능하신 하나님이라, 영존하시는 아버지라,

평강의 왕이라 할 것임이라.

그 정사와 평강의 더함이 무궁하며 또 다윗의 왕좌와

그의 나라에 군림하여 그 나라를 굳게 세우고 지금 이후로

영원히 정의와 공의로 그것을 보존하실 것이라."

예수님은 단순한 인간이 아니셨다. 그는 예언대로 세상에 오신 하나님의 아들이셨다. 이 땅에 오신 그 아기는 예언된 대로 다음과 같은 분이었다.

기묘자: 놀라운 일을 행하시는 분

모사: 위대한 상담자

전능하신 하나님: 모든 것을 할 수 있는 분

영존하시는 아버지: 영원히 존재하시는 분

평강의 왕: 평화로 다스리시는 분

제자들은 이 진리를 분명히 알 수 있었다. 그들은 눈으로 직접 구약의 예언들이 얼마나 진실하게 이루어졌는지 확인했다. 이제 눈에 보이는 성전의 회복은 더 이상 중요한 문제가 아니었다. 유대 나라의 미래도 더 이상 중요하지 않았다.

참 성전이신 예수님이 나타나셨기 때문이다. 그들이 그토록 고대하던 하나님의 나라가 바로 곁에 임했기 때문이다.

예언대로 다윗의 후손이 온 세상의 왕으로 오신 것이다. 이제 그분이 영원히 정의와 공의로 통치하실 것이다. 예수님을 통해 제자들은 이 놀라운 진리를 깨달은 것이다.

예수님을 만날 때
찾아오는 변화

우리가 예수님을 만나면 제자들처럼 우리의 삶에도 빛이 임한다.

이 빛은 단순히 문제를 해결하는 것을 넘어 우리 존재의 근본적인 변화를 가져온다.

예수님의 빛이 임하면, 삶에서 사망의 어둠이 떠나간다. 고통과 절망이 사라지고, 무지와 편견의 사슬이 끊어진다. 압제와 억압의 답답함이 사라지고, 심지어 묶인 상황 속에서도 자유의 빛을 누릴 수 있다.

성경은 예수님을 만나 삶의 어둠을 몰아낸 사람들의 이야기로 가득하다.

이들은 예수님을 통해 단순히 기적을 경험한 것을 넘어 존재의 깊은 변화를 얻었다.

● 귀신에 사로잡혀 미래가 캄캄했던 여종은 예수님을 만나 영적 압제에서 벗어나 일상의 삶으로 돌아왔다.

● 영혼의 문제로 고민하던 니고데모는 예수님을 통해 영원한 생명의 빛을 만나, 지적인 탐구를 넘어선 영혼의 만족을 얻었다.

● 돈은 많았지만 행복을 모르던 세리장 삭개오는 탐욕의 어둠에서 벗어나, 나누는 삶의 기쁨을 통해 진정한 행복의 길을 찾았다.

● 죄인이라 손가락질 받던 여인은 용서의 빛을 만나 수치심의 어둠을 걷어내고, 존재의 존귀함을 회복했다.

● 혈루증으로 12년 동안 고통받던 여인은 질병의 어둠과 소외의 그림자를 넘어, 믿음을 통해 온전한 치유와 관계의 회복을 경험했다.

● 아들을 잃고 절망에 빠진 나인 성 과부는 사망의 어둠 속에서 다시 살아난 아들을 통해 슬픔이 기쁨으로 바뀌는 은혜

를 누렸다.

이처럼 예수님은 각 사람의 어두운 삶에 빛으로 찾아와 그들의 존재를 근본적으로 바꾸어 놓았다.

그러므로 성탄 소식이야말로 험한 인생길을 걷는 우리 모두에게 가장 놀라운 기쁨의 좋은 소식이다.

세상의 어둠을 밝히고, 우리의 삶을 변화시키기 위해 어두운 세상의 빛으로 오신 예수님을 만날 때, 우리는 비로소 진정한 자유와 행복을 누릴 수 있다.

연약한 초신자였던 「아브라함」이
「믿음의 조상」이라는 영적 거인이 되기까지
하나님이 주셨던 은혜/도전/승리!

하나님 만이 이기게 하신다

김원광 지음

가장 축복받은 사람이 되려면
가장 감사하는 사람이 되라!

감사하며 삽시다

김원광 지음

두 자녀를 잘키운 삼숙씨의 이야기

정삼숙 지음

미국의 예일, 줄리어드, 노스웨스턴, 이스트만, 브룩힐, 한예종, 예원중에서 수석
도 하고 장학금과 지원금으로 그동안 10억여 원을 받으며 공부하는 두 아이지만,
그녀는 성품교육을 더 중요시했다.

중 · 고 · 대 · 대학원 수석/장학생으로 키운 엄마 드림법칙!

"예수님과 함께하는 가정에서는 나쁜 자녀가 나오지 않습니다."

자녀교육 솔루션
Good Parents with Jesus
예수님과 함께하는 좋은 학부모

조규철 박사 지음

30가지 주제 / 30일간 기도서

무릎 기도문 시리즈 18

주님께 기도하고 / 기다리면 응답합니다

① 자녀를 위한
무릎 기도문

② 가족을 위한
무릎 기도문

③ 태아를 위한
무릎 기도문

④ 아가를 위한
무릎 기도문

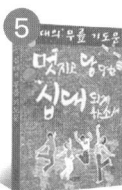

⑤ 십대의
무릎 기도문

⑥ 십대자녀를 위한
무릎 기도문

⑦ 재난재해안전
무릎 기도문
〈자녀용〉

⑧ 재난재해안전
무릎 기도문
〈부모용〉

⑨ 남편을 위한
무릎 기도문

⑩ 아내를 위한
무릎 기도문

⑪ 워킹맘의
무릎 기도문

⑫ 손자 / 손녀를 위한
무릎 기도문

⑬ 자녀의 대입합격을 위한
부모의 무릎 기도문

⑭ 대입합격을 위한
수험생 무릎 기도문

⑮ 365 일 자녀축복
안수 기도문

A1 태신자를 위한
무릎 기도문

A2 새신자
무릎 기도문

A3 교회학교 교사
무릎 기도문

A4 선포 (명령)
기도문

보다 자세한 내용은
QR코드로 만나세요!

망망한 바다 한가운데서 배 한 척이 침몰하게 되었습니다.
모두들 구명보트에 옮겨 탔지만 한 사람이 보이지 않았습니다.
절박한 표정으로 안절부절 못하던 성난 무리 앞에 급히 달려 나온 그 선원이
꼭 쥐고 있던 손바닥을 펴 보이며 말했습니다.
"모두들 나침반을 잊고 나왔기에… "
분명, 나침반이 없었다면 그들은 끝없이 바다 위를 표류할 수 밖에 없을 것입니다.

우리는 삶의 바다를 항해하는 모든 이들을 위하여
그 나침반의 역할을 하고 싶습니다.
우리를 구원하신 위대한 주 예수 그리스도를 널리 전하고 싶습니다.

"하나님은 모든 사람이 구원을 받으며
진리를 아는 데에 이르기를 원하시느니라"
(디모데전서 2장 4절)

크리스마스 – 하나님의 최고의 선물
Christmas - God's Greatest Gift

지은이 | 김원광
발행인 | 김용호
발행처 | 나침반출판사

제1판 발행 | 2025년 11월 10일

등　록 | 1980년 3월 18일 / 제 2-32호
본　사 | 07547 서울특별시 강서구 양천로 583
　　　　블루나인 비즈니스센터 B동 1607호
전　화 | 본사 (02) 2279-6321 / 영업부 (031) 932-3205
팩　스 | 본사 (02) 2275-6003 / 영업부 (031) 932-3207
홈　피 | www.nabook.net
이　멜 | nabook365@hanmail.net
일러스트 제공 | 게티이미지뱅크

ISBN　978-89-318-1676-1
책번호 다-2115